北 大 法 学
教育改革丛书

北大法学沙龙 壹

北京大学法学院 | 编

法律出版社 LAW PRESS · CHINA
北京

图书在版编目(CIP)数据

北大法学沙龙. 壹 / 北京大学法学院编. -- 北京 : 法律出版社, 2024

ISBN 978 - 7 - 5197 - 9164 - 3

Ⅰ. ①北… Ⅱ. ①北… Ⅲ. ①法学 - 文集 Ⅳ. ①D90 - 53

中国国家版本馆 CIP 数据核字(2024)第 098332 号

北大法学沙龙·壹
BEIDA FAXUE SHALONG · YI

北京大学法学院 编

责任编辑 吴 昉 胡佳文
装帧设计 汪奇峰 臧晓飞

出版发行 法律出版社
编辑统筹 法律教育出版分社
责任校对 王 丰 郭艳萍
责任印制 刘晓伟
经 销 新华书店

开本 710 毫米×1000 毫米 1/16
印张 13 **字数** 186 千
版本 2024 年 5 月第 1 版
印次 2024 年 5 月第 1 次印刷
印刷 北京金康利印刷有限公司

地址:北京市丰台区莲花池西里 7 号(100073)
网址:www.lawpress.com.cn
投稿邮箱:info@lawpress.com.cn
举报盗版邮箱:jbwq@lawpress.com.cn

销售电话:010 - 83938349
客服电话:010 - 83938350
咨询电话:010 - 63939796

书号:ISBN 978 - 7 - 5197 - 9164 - 3 **定价**:45.00 元

凡购买本社图书,如有印装错误,我社负责退换。电话:010 - 83938349

编委会

编辑部

编写说明

北京大学(以下简称北大)是中国法学教育的滥觞之地,是中国法学教学改革的先行者和探路者。北大法学院始终秉持科研与教学并重的立院方针,将教学与科研视作大学教师的基本职责,两翼不可偏废。近年来,北大法学院大力推进教学供给侧改革,增加教学产品,改善教学结构,提升课程质量,创新教学活动,引领中国法学界教学改革风潮。

多年来,中国高校中普遍存在"重科研、轻教学"的现象。科研在某些场合成为评价教师的重要甚至唯一标准。这固然有我国整体科研水平尚处追赶阶段,难以从容实现与教学同步对接和良性循环的历史原因;同时,国内诸多高校包括教师个人,对"人才培养是大学核心使命"这一理念的认同感和接受度,仍然较为模糊和犹疑,因而出现了导向上的失衡。

师者,所以传道受业解惑也。作为中国近现代法学教育的先行者,近年来,北大法学院为了回应国内学界"重科研、轻教学"的导向,纠正风气,明确提出"一切为了学生的有效培养",不懈探索课程设置、教学方式和人才培养体系方面的改革路径。为了促进学院老师在教学上的交流与分享,自2019年春季学期开始,北大法学院推出了"教学沙龙"系列活动。该沙龙活动旨在促进教学方面的相互交流,为教师之间分享教学经验、教学方法和教学心得搭建沟通的桥梁,凝聚形成教学共同体,进一步推进以人才培养为中心、认真对待教学工作的风气,整体性地提升北大法学院的教学质量。经过多年的探索,现在已经形成了以青年教师为主体的"青年教师教学沙龙"、以资深教师为主体的"法学教授教学沙龙"、以学科泰斗为主体的"法学名师教育人生讲座"和有针对性主题的"法学教学午餐会"。北大法学院力争通过一系列相对明确的主题与策划,为学界同仁与社会各界人士带来成体系、成规模的教学经验分享。本次出版的《北大法学沙龙·壹》就是2019年和2023年两个学期13位留学海外的青年教师结合其留学经历，对域外法学教育的观察、体验和总结。

《北大法学沙龙》是北大法学院几十位教师的集体作品，同时也得到了来自法律出版社、《中国法律评论》编辑部、北京大学宣传部、北大英华公司、道安法学教育基金会等社会各界人士的关心、支持和帮助。在各方协力下，北大法学院的“教学沙龙”系列活动以一种新的方式在纸上重现。在此一并致谢！

北京大学法学院

2024年4月

目 录

德国法学教育中的法律评注

贺 剑

关于作者

贺　剑

北京大学法学院长聘副教授、研究员、博士生导师。北京大学法学学士、法学博士，德国曼海姆大学法学博士，曾在中国人民大学法学院从事博士后研究。主要研究民法，关注与民法有关的一切法律内部跨学科研究以及传统的法经济学。代表作包括《案例评析与法律评注：从民法学写作切入》《民法的法条病理学》《绿色原则与法经济学》《夫妻财产法的精神》《论婚姻法回归民法的基本思路》《对赌协议何以履行不能？》《担保人内部追偿权之向死而生》等。曾任《北大法律评论》主编。

2019 年 4 月 12 日中午，北京大学法学院青年教学沙龙系列第一期"法律评注与法学教育"在陈明楼 102 会议室举行。

我此前正好做过德国法律评注方面的研究，[1]其中部分内容也与德国的法学教育相关。因此本文主要分享三个方面的内容：(1)法律评注是什么？(2)法律评注对德国法学教育的意义是什么？(3)对法律评注的畅想与反思。重点和背景当然是法律评注，但会涉及法律评注与德国法学教育的互动关系。本文的主体是当时的口头报告，但成文时也有所补充。[2]

■ 德国的法律评注

□ 国内外研究综述

近年来，国内学者对法律评注日益关注。在民法、民诉法、宪法、刑法等领域，都或多或少存在特定法律评注的编译、翻译或撰写。比如《法学家》《中国应用法学》等杂志，还开辟了法律评注的专栏。[3]

---

〔1〕 参见贺剑：《法教义学的巅峰——德国法律评注文化及其中国前景考察》，载《中外法学》2017 年第 2 期。另参见贺剑：《案例评析与法律评注：从民法学写作切入》，北京大学出版社 2021 年版，第二编"法律评注"。

〔2〕 补充的内容部分源自前述论文，部分源于我在其他场合的口头发言。后者参见"天同法典评注工作坊(第一期)"的会议实录，天同诉讼圈：《写意评注：中国民法典评注缘起、功能及写法》，载微信公众号"天同诉讼圈"，2019 年 7 月 30 日。

〔3〕 2019 年以来，国内的相关研究更是如雨后春笋。参见李昊、徐海雷：《美国法律重述鸟瞰》，载《苏州大学学报(法学版)》2020 年第 2 期；彼得 · A. 温德尔：《德国评注文化——是为中国之范例?》，李雨泽译，载《苏州大学学报(法学版)》2020 年第 2 期；吕琳华：《法律评注的历史流变、方法与范式——法国视角》，载《苏州大学学报(法学版)》2020 年第 2 期；程坦：《日本民法评注的方法论演变与结构内容》，载《苏州大学学报(法学版)》2020 年第 2 期；卜元石：《德国法律评注文化的特点与成因》，载《南京大学学报(哲学 · 人文科学 · 社会科学)》2020 年第 4 期；朱晔：《日本民法注释的演变对中国的启示》，载《南京大学学报(哲学 · 人文科学 · 社会科学)》2020 年第 4 期；娄爱华：《意大利民法典评注的撰写——以三个条文为切入点的观察》，载《南京大学学报(哲学 · 人文科学 · 社会科学)》2020 年第 4 期；姚明斌：《论中国民法评注之本土化》，载《南京大学学报(哲学 · 人文科学 · 社会科学)》2020 年第 4 期；卜元石：《哪些知识可以被遗忘，哪些需要保存？——基于〈法律评注：一个国际性的比较〉与英文版〈德国民法典评注〉的观察与思考》，载《南大法学》2022 年第 1 期。

从起源来看,法律评注属于具有欧陆特色的法律文献,德国、意大利、法国等都有法律评注。在德国法学界,虽然法律评注汗牛充栋,但是,对于法律评注本身的研究一直乏善可陈。一直到2006年法兰克福的马克斯—普朗克欧洲法制史研究所(以下简称马普所)举办了一场题为“法律评注:法律交流的工具”的研讨会,上述局面才有所改善。

□ 法律评注的特点

德国法律评注兴旺发达的直接体现是:有法律处即有评注。除民法、刑法、行政法、宪法等基础法律之外,政治庇护程序法、建筑法、联邦废物排放法、动物保护法等诸多细小的特别法,也都有相应的法律评注。

这里以《德国民法典》第242条在不同时期的评注为例,说明德国法律评注的发展。该条是关于民法中的“帝王条款”——诚信原则的规定:“债务人有义务考虑交易习惯,依照诚实信用的要求为给付。”

1910年,德国帝国法院主编《帝国法院民法典评注》,其中,第242条的评注仅有半页。撰写者只对其中的重要词句,如诚实信用等做了解释。这是最原始的法律评注,类似于我国历史上的“注疏”“正义”。2001年,第60版《帕兰特民法典评注》是德国最经典的单卷本民法典评注,其以简洁著称,但它关于第242条的评注多达171个,总共约23页。1961年第11版《施陶丁格民法典评注》,精细化到了极致。第242条的评注单独构成了一本书,多达1500余页。简单对比可见,法律评注在德国也经历了逐渐正规化、精细化的过程,从最初简单的逐字逐词地注释,到后来注重法条的逻辑体系,以及学说、案例。

德国法律评注的最大特征是以实务为导向,并由此衍生一系列关键的子特征。

其一,以解释现行法为中心。这一特征体现为对新版法律评注的崇拜。“立法者改正法律规则的三个词,整个图书馆就变成废纸”,这一耳熟能详的言论由德国学者尤利乌斯·冯·基尔希曼(Julius von Kirchmann)提出,在其所说的沦为废纸的图书馆文献中,法律评注赫然在列。

其二,竭力回答一切问题。德国法律评注追求的目标是“一套所有,别无所求”。前面已提及,法律评注是为司法实践服务。而实务工作中,人们更注重答案,即现行法是什么。因此,为了竭力提供一切问题的答案,德国人的解决方式是总结通说(herrschende Meinung,通常缩写为“hM”)。

通说是指在德国实务界和理论界同时占据支配地位的观点。其中,实务界通说标准为一个观点多次(通常是三次)被最高法院确认。但理论界的通说则无明确标准,比如是以支持的人数为准,还是以论者的权威性或论证的说服力为准?此问题存在争议。

一个有意思的问题是,为什么“通说”一定要同时是实务界和理论界的通说。对于法律实践而言,强调实务界的通说很好理解,但是,为何还要额外强调实务界的通说与理论界的通说一致?换言之,在德国,理论界的通说为何有如此高的地位?原因可能包括:部分学者也兼做法官;传统上,学者在德国法律界具有较高地位;以及,许多法律评注都是由学者和法官共同完成。当然,前述“通说”的定义本身也主要是一件理论界的产品,从无法律条文或司法案例对此予以确认,因而也可能包含学者的企图心在里面。

另外,在德国,理论界的通说和实务界的通说极少发生背离。对此,德国学者乌韦·韦塞尔(Uwe Wesel)教授进行了总结和反思:[1]

> 出现一个新问题后,总是会先有一篇论文出来,发表在法学期刊、普通文集或是祝寿文集里面。第一批的判决也跟着出来。它们通常是基层法院或中级法院的判决,同样会被公布。也许还会有人写一本专著,对这一问题做专门讨论。而这一切,都会被记录在相关的、最新版的法律评注当中,而且除这些评注之外,评注人还会发表自己的见解。
>
> 此外,若一个问题具有一般意义,相关的法律教科书——通常是那些读者众多且定期更新的教科书——也会跟进。就这样,经过一段时间的讨论,对于一个问题往往会见仁见智,这时,最高层级法院(联邦最高法院、联邦劳动法院、联邦行政法院或联邦宪法

---

〔1〕 Uwe Wesel, Aufklärung über Recht: Zehn Beiträge zur Entmythologisierung, 1981, S. 16 f. 该段文字的其他译本参见黄卉:《论法学通说(又名:法条主义者宣言)》,载《北大法律评论》2011 年第 2 期。

法院）的判决就登场了。这些判决一旦作出，相关问题如何解决基本上就尘埃落定。对此，文献中或许还有一些批评，少数法律评注或教科书或许还持另一种观点，但是大多数文献通常都会追随最高层级法院的意见：通说，就这样诞生了。

在没有通说的领域，评注的作用更为凸显，因为其会对学说和地方法院的观点进行非常简洁、准确的概括，便于按图索骥，对于法律人非常具有吸引力。

其三，重视案例甚于学说。法律评注在被引用时，案例总是先于学说而被引用。作为极端，《帝国法院民法典评注》甚至仅引用帝国法院和联邦最高法院的判例，几乎无视学说。我曾借助谷歌书籍词频统计器（Google Books Ngram Viewer）做过一项简单统计，以《帕兰特民法典评注》（Palandt）、《施陶丁格民法典评注》（Staudinger）作为学说的代表，以《联邦法院民事判例集》（BGHZ，1951～2019年）、《帝国法院民事判例集》（RGZ，1879～1945年）作为案例的代表，分别统计相应的关键词在谷歌图书馆所藏德语图书中的词频，以粗略反映案例和学说的引证率。结果是，案例在相应时期的引证率明显高于学说，见图1。

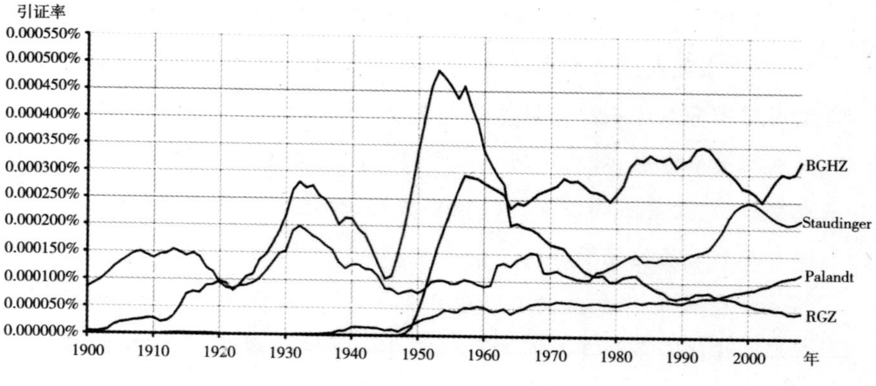

图1　RGZ、BGHZ、Staudinger、Palandt在谷歌图书馆所藏德语图书中的词频（1900～2008年）

其四，秉承法教义学方法。法律评注按照法教义学的方法进行编写，主要体现为两点：一是法律解释方法的运用，例如，每条评注都包含对条文立法目的和立法历史的阐述;二是进行构成要件的拆分及法律效果的分析,附带涉及举证责任问题。

与之相关,法社会学、法经济学等社科法学在法律评注中则遭遇尴尬,地位不彰。以《民法典替代评注》(Alternativkommentar)为例,其标榜采用了社会(科)学的研究方法。比如,该评注针对承揽合同罗列了大量数据,诸如截至 1974 年,德国每 14 个雇员当中就有一个人的收入与建筑业相关,或建筑业产值在 1967 年下降了 6.4% 等。对此,经典的批评是,前述对数据的罗列与梳理,丝毫无助于解释法条本身。就民法而言,法社会学在法律评注中难有作为,原因主要有两点:一是法社会学只能提供事实判断,不能提供价值判断,而事实判断与价值判断并不直接对应;二是法社会学偏向于研究宏大问题,并不关注对具体法律条文的解释。

相比于法社会学,法经济学在法律评注中的处境相对较好。比如《帕兰特民法典评注》自 1989 年以来就主张,至少在财产侵权当中,"汉德公式"可以被借鉴以认定过错。当然,"汉德公式"所体现的成本收益分析与法教义学中的利益衡量方法有何区别? 区别或许不在于是否适用"汉德公式",而在于更为具体的赋值和权衡。

□ 法律评注的土壤

"为什么普通法没有法律评注?"2006 年马普所研讨会上,德国学者曾有此一问,这也是很多老师会想到的追问。我的研究结论是:以德国法律评注为标准,普通法领域不存在法律评注;但是,在普通法国家的非普通法领域,仍可能存在法律评注。

在民法、刑法等普通法(案例法)领域,虽然也存在一些与法律评注形似的文献,但实质上却有很大不同。

其一,美国法学会的法律重述(以及示范法典等)。法律重述很像法律评注,但问题是,作为评注对象的条文并不是法律,而是没有法律约束力的从先前各州判例中抽取出来的共通规则、原则。故而,此类法律重述并不以法律文本为对象,不能和旨在注释法条的法律评注相提并论。

其二,普通法领域其他配注释的成文法(annotated statutes)。但细看就可知道，此类文献的性质更接近“参考文献目录”，过于简略。

其三，名为注释的文献。如《美国法律报告》中的“注释”（ALR annotations）。这类文献更像是论文的合集，或者文献及案例综述的合集，而非法律评注。

当然，普通法领域没有法律评注，不意味着普通法国家没有法律评注。只要有成文法，就可能存在法律评注。比如 West 公司出版的《美国法典注释》（USCA）、Lexisnexis 公司出版的《美国法典服务》（USCS），均是对《美国法典》（含 50 多个方面的联邦法）所作的逐条释义。又如《科利尔论破产》一书，名为体系书，实为法律评注，中间有相当篇幅是对《美国破产法》的逐条释义，体量上也直追德国的大型评注。

不管是普通法领域没有法律评注还是普通法国家有法律评注，都可以从成文法、法教义学、司法统一这三大因素的消长与互动中得到解释。首先，成文法是法律评注的首要前提。没有成文法，自然不可能有以成文法为对象、以逐条释义为特征的法律评注。其次，与成文法相表里的是作为其配套的法学方法——法教义学。最后，法律评注的繁荣还端赖于司法的统一。很难想象，如果德国司法不统一，比如民事、刑事案件的终审权不专属于德国联邦最高法院一家，而是分属于各州二十多个州高等法院，德国的法律评注是否还能有今天的繁荣。再以美国为例，以州为单位撰写法律评注是不太可能的，但是在普通法国家的联邦法领域，如前面的破产法，由于满足成文法、司法统一甚至法教义学的条件，则有可能出现法律评注。

法律评注之于法学教育

首先，从法学教育的归宿，即司法实践来看，法律评注在司法实务中的地位举足轻重。德国联邦最高法院在 1986 年的一个判决中即指出：“律师在上诉时，至少负有借助通行法律评注了解现行法状况之义务。”这一观点后来又被重申：“律师有义务依据相应专业文献，尤其是专业期刊和法律评注，对判例现状予以了解。”在某些下级法院，律师们的上述义务被表述得更为直白和具体：为避免疏漏，律师们应阅读“通行的法律评注（《帕兰特民法典评注》)”。或许正因为如此,才会有德国学者声称:“如今,很多下级法院的法官相信,《帕兰特民法典评注》所言者即为法律。”在此,个别法律评注与法律本身已有混同之势。由此产生的担忧是可能出现“法律评注实证主义”,即错把评注当法律。这一方面值得警惕,但却也折射出法律评注在司法实践中的巨大影响力。

其次,从法学教育本身来看,法律评注与德国各州的国家考试(法律职业资格考试)密切相关。通过两次国家考试,是法科学生从事法律职业的必要条件。而且,论重要性,德国的国家考试堪比我国的高考,良好的考试成绩对于考生的出国、就业等都至关重要。而法律评注于此的重要性体现于,在第二次国家考试中,法律评注是除法典外唯一允许被带入考场的考试辅助资料,当然也是考试答题必不可少的资料。可见,法律评注的熟稔运用是法律人之养成必不可少的一环。由于其价格不菲,甚至催生了法律评注的租赁行业,囊中羞涩的学子可以改买为租,以供备考之需。

最后,法律评注对于德国大学阶段的法学教育也颇有裨益。对于教师而言,法律评注对于通说的归纳可以极大减轻备课负担。鉴于我国现阶段,实务界、学界对很多问题都缺乏共识,前述归纳通说的功能非常具有吸引力。法律评注对资料的详尽整理,也有助于教师了解具体制度的历史、学说、案例等细节,在必要时适当拓展。当然,除了法律评注,法学教科书也适合承担辅助备课的功能。但是,教科书的简明扼要,与法律评注的全面翔实并不冲突,而是相互补充,相得益彰。教科书如果想侧重基础,删繁就简,授人以渔,最好能有对现行法全面扎实的知识性整理,即法律评注作为配合。

对于学生而言,法律评注除了是第二次国家考试的必备辅助资料,还是完成常规课程中的案例分析作业的重要参考资料。此外,还存在专门面向学生的法律评注,如《学生版民法典评注》,号称“教科书、法律评注与司法考试复习资料的完美结合”。

■ 法律评注的畅想与反思

德国的法律评注文化极为发达,几乎每一位学者都参与撰写一本或几本法律评注,并且以此为荣。而且如上所述,法律评注对于司法实践、对于法学教育,确实有用。以下先谈法律评注在中国的可能未来,再说说我个人对法律评注文化的一点反思或者担忧。

□ 法律评注在中国的可能

法律评注有其特定的生长土壤,需要相应制度条件和利益群体作为支撑。而在我国现阶段,成文法的传统无可撼动,法教义学普遍获得肯认,司法统一更不成问题,此外更是有一群热心的有欧陆留学背景的作者以及对法律评注市场有敏锐嗅觉和较充足动力的出版人;法律评注的中国事业可谓"万事俱备只欠东风"——只等有人来写了。话虽如此,但现实远比理想复杂,法律评注要想在中国扎根,仍将面临诸多挑战。我这里主要说三点。

其一,激励机制尚未形成。诚如笔者敬重的一位学者所言,目前在中国编写法律评注是一项非常需要公心的事业。因为在现有评价体制下,法律评注的撰写并不能被折算为有效的"学术工分"。但所幸局面也在改观,破冰者如前述《法学家》杂志自 2016 年以来开辟的"评注"专栏。当然,这仍然属于曲线救国的无奈之举,即先化整为零以论文发表换取"学术工分",然后集腋成裘,结集出版真正的法律评注。

其二,存在学术不端和知识产权保护不周的风险。由于着眼的是现行法的梳理,法律评注之间难免有较高的同质性。对于第一部评注而言,案例与学说的整理固然费时费力、颇具奉献;但对于同领域的第二部评注而言,上述工作却可能只意味着选择性地复制、粘贴以及稍作更新而已。这一方面使一本法律评注要想获得成功,极有必要发展出自身的特色;另一方面,也使浑水摸鱼者有机可乘。事实上,即便是在德国,也有不少法律评注扮演着不大光彩的"二道贩子""二手评注"的角色。其中最极端的莫过于 2006 年普维庭等人主编的民法典评注所爆出的丑闻:在这本约 3000 页的评注中,居然有上百页内容属于赤裸裸的抄袭。可以想见,未来中国法律评注的防不端、防抄袭、防盗版之路,亦任重而道远。

其三，怎么写法律评注？[1]在一个成熟的司法制度下，评注的重心是“注”，而不是“评”。德国的很多评注，评的内容都非常简要，甚至武断，对一份非常有学术分量的论文，也可能是一句“不值一提”“非常荒谬”就过去了。这是其以注为中心的实务导向所决定的。它的重点在于梳理现行法状况，包括案例和文献，至于分歧，只要予以适当提示，原则上就够了。

而在中国，可能恰恰相反，评注的写作重心应当是“评”，而不是“注”，至少注、评同等重要。原因在于，在中国法上，“现行法是什么”在很多时候根本没有答案。简言之，种种因素造成的司法不统一，是中国法律评注写作的最大挑战。这种挑战在德国基本不存在，所以在德国撰写评注比在中国撰写评注要简单得多。但司法不统一是挑战，也是机遇。因为和德国的评注作者主要是梳理现行法尤其是通说不同，中国的评注作者除了梳理学说、实务的现状，往往也参与通说之形成、引领学说和实务之发展。中国的评注作者对于实务有可能具有更大的影响力，更有可能“书生报国”，以学术为社会尽一份力。

□ 对法律评注文化的担忧

我此前的论文称法律评注为“法教义学的巅峰”，这主要是正面的描述。但我们中国人也常说“物极必反”，发达的法律评注文化并不是没有代价的，最直接的代价是，德国学者需要为撰写法律评注付出大量时间与精力。比如，《贝克网络大型民法典评注》每三个月就更新一次，内容超级详尽，给作者造成了很大的负担。出版社甚至未尝没有借此锁定作者，以免这些人产生参与撰写其他法律评注的现实考虑。从纯粹智识的层面讲，法律评注的理论魅力也是有限的，这对于德国法学是一件好事还是一件坏事，我也说不好。

---

[1] 我的前述论文归纳了8点注意事项：(1)简洁；(2)以现行法的解释为中心；(3)穷尽问题而非穷尽材料；(4)以反映法律现状为重点；(5)原则上只引用权威案例；(6)原则上拒斥比较法资料；(7)把握互联网时代的机遇；(8)正确对待社会科学研究。

我自己曾研究和撰写法律评注，当时写显失公平评注的时候，[1]我曾关注到三个有意思的问题：第一是主观要件的有无之争；第二是动态系统论或者类似理念的适用可能，例如，主观要件比较强的时候是否可以舍弃客观要件，反之亦然；第三是撤销与变更孰优孰劣的问题，按照我的初步分析，变更作为可撤销行为的法律效果可能原则上优于撤销。如果是写学术论文，这三个问题需要分三篇论文来写，可一旦要写评注，这些原本有意思也不无挑战的问题，以及其他大大小小有意思或没意思的问题则都得写。

这是一个很煎熬的过程。对个人来说，时间精力有限，不可能每一个问题都研究透，既然没有研究透，写的时候就得浅尝辄止，加上各种"初步认为"的限定。甚至由于面面俱到、用力分散，只能有一分研究、说半分话，因为没大想明白的情形下，材料、论证的取舍未必能把握得很好。这或许是评注作为一种有特色的法律文献类型，和论文作为一种传统的法律文献的区别。彼此本身当然无优劣之分，但就创新性而论，还是不可同日而语。

这就涉及一旦法律评注文化在我国发扬光大，将来的部门法学研究可能面临的挑战。我个人有限的观察是，在不少问题上，德国的法学和法律实践很少能提供特别有原创性，特别让人耳目一新或豁然开朗的观点、论证或思想。比如我最近做的一个研究是，出名人的债权人能否申请强制执行实际归借名人所有的财产？德国法会讲到，扣押、查封固然会产生法定质权或抵押权，但前述法定权利不能善意取得，因为善意取得仅适用于基于法律行为的物权变动，然后就到此为止了。这很难让人满意。我想，这与德国学术界的状况不无关联，大多数年富力强、学有余力的教授都去写法律评注了。而第一本评注固然要耗费心力，需要原创，但第二本及其以后的法律评注可能就没有太多原创性了。所以，我们也要提防法律评注文化成熟的那一天，中国的部门法学研究可能面临的缺乏创新的危险。

---

〔1〕 参见贺剑：《〈合同法〉第54条第1款第2项(显失公平制度)评注》，载《法学家》2017年第1期。另参见贺剑：《第151条(显失公平行为)》，载朱庆育主编：《中国民法典评注：条文选注》(第1册)，中国民主法制出版社2021年版，第1~31页。

提问与讨论

问:撰写法律评注的作者是如何决定的?

答:法律评注的作者通常包括评注主编和具体条文的评注者两类,其中主编负责全局统筹,是由出版社慎重考虑后选择的。影响出版社选择的重要影响因素之一是"名家效应"。比如《慕尼黑民法典评注》的创立者其实仅 Säcker 教授一人,但出版社考虑到在实务界的影响力,最终还是采取双主编制,增聘了实务界的代表 Rebmann 作为共同主编。

问:撰写德国法律评注是否属于学术研究的一类,还是仅代表一种荣誉?

答:在德国法律界,法律评注逐渐作为学术研究的一类文献获得认可,并且吸引越来越多的优秀学者与实务界人士加入成为法律评注的作者。成为作者就表明其对此法律条文的研究是最具权威性的,同时也成为通说或强有力少数说的主张者。因此,撰写法律评注是一种终生的荣耀。

其他老师补充:中国不存在实务界通说,这导致法律评注在中国的发展尤为困难。检索中国现有案例可以发现,法院的裁判中存在各式各样的观点,且每种观点均需从大量案例的不同表达之中抽象出来,这一初步类型化的过程已极为复杂和困难。同时,仅就最高人民法院在全面统一法律适用方面所做的现有努力,也不尽如人意,比如最高人民法院关于司法解释的"理解与适用"在指导实践方面具有一定作用,但是能够发挥多大作用并不确定;又如最高法院发布的指导性案例,其裁判要旨与所引用法条并不完全对应,从而影响其对司法实践的有效指引。

美国法学人才培养掠影

阎天

关于作者

阎 天

北京大学法学院长聘副教授、博士生导师，北京大学人文社会科学研究院副院长，北京大学—耶鲁大学法律与政策改革联合研究中心主任。曾任北京大学法学院博士后研究人员、院长助理。耶鲁大学法学硕士、博士，北京大学法学学士、硕士。研究领域为劳动法、宪法、行政法。著有《美国劳动法学的诞生》《川上行舟——中国平等就业法引论》《如山如河——中国劳动宪法》《知向谁边——法律与政策之间的劳动关系》等，译有《黑暗年代：再造耶鲁法学院》《反就业歧视法国际前沿读本》等，编有《法意文心：法学写作思维六讲》等。论文以中英文发表于中外核心期刊。

2019年4月19日中午，北京大学法学院青年教学沙龙系列第二期“美国法学院如何培养学术人才”在陈明楼一层教师休息室举行。

■ 引子

本文与大家分享我在美国留学期间的见闻，特别是谈一谈美国在培养法律学术人才方面的一些做法。首先我要简单定义一下什么是法律学术人才。从理论上说，只要在法学上有专门的造诣，就可以算是法律学术人才。极端地讲，有的人即使一天法学院也没上过，也不屑于到法学院任教，但只要把法律研究得特别好，就属于法律学术人才，虽然大概率他是“非主流”的。但是在今天，法学已经高度职业化，法学界已经几乎垄断了法律学术人才的定义权；既想当人才，又不想进入学界，几乎是不可能的事，可以说是“学界之外无学术，主流之外无人才”。这就意味着，衡量一个人是不是法律学术人才，基本标准是其是否获得法学界这个职业共同体的接纳，是否可以用做学问在法学界谋生。在美国，法律学术人才的门槛大致是法学院的教职，法律学术人才的培养过程就是把一个人从“法盲”培养成法学院老师的过程。

这个过程既漫长又艰辛。在具体描述这个过程之前，我想先介绍几位典型的美国当代法学人才，以便对本文所要讨论的问题建立起直观印象。第一位是张泰苏，他是耶鲁大学法学院的教授，本科就毕业于耶鲁大学，还获得了耶鲁大学的法律博士和历史学博士学位。他写了一本关于儒家的法律经济分析的著作，获得海内外学界的好评。第二位是李继，他是美国加利福尼亚大学欧文分校法学院的教授，本科毕业于外交学院，后来获得了美国西北大学政治学博士和耶鲁大学法律博士学位，还曾经在律师事务所执业。他写了一本关于中国企业在美国的书，我有幸阅读过书稿的部分章节，内容非常精彩。第三位是乔仕彤，他本科毕业于武汉大学，和我是北京大学和耶鲁大学的同学，曾经任教于香港大学法律学院，现在是美国杜克大学法学院的教授。他的专著是关于中国小产权制度的,我见证了其中许多内容的酝酿和成文,从中受到许多启发。很有趣的是,三位老师的代表作都是由剑桥大学出版社出版的,这也反映了中国话题在世界知名出版社的热度。

这三位老师都是40岁上下,也都有很强的中国背景,不妨比较一下他们的学术培养经历,可以看到不少共性。比如,他们都毕业于耶鲁大学法学院:张老师和李老师是法律博士(JD),乔老师则是法学博士(JSD)。这是耶鲁大学与中国漫长缘分的一个部分。又如,三位老师都有很强的跨学科背景:张老师和李老师拥有其他学科的博士学位,而乔老师所研究的是法律经济学。再如,三位老师都有鲜明的中国背景,虽然研究的方法、对话的对象都是美国的,但是研究的问题都是中国的。并且,三位老师都在中国接受过相当长时间的教育:张老师小时候在美国念过书,高中毕业正式出国;李老师是本科毕业出国;乔老师则是硕士毕业出国。这些共性反映了当代美国法律学术人才培养的特点,本文的讨论就从这些特点说起。

■ 法律学术人才培养演进

□ 什么是法律学术人才?

对于这个问题,美国的答案从20世纪70年代开始发生了明显的变化。如果把刚才谈到的三位老师和20世纪70年代以前的法律学术人才对比一下,就会发现他们之间虽然有共性,但是差异更大一些。从共性上说,大概进入20世纪以后,只要想以法律学术为业,知名法学院的学位是必要的。比如,20世纪上半叶涌现的许多法律学者都毕业于哈佛大学法学院。像后来担任过哈佛大学法学院院长的庞德,以及担任过联邦最高法院大法官的弗兰克福特都是哈佛大学校友。现在哈佛大学仍然是美国最好的法学院之一,一张耶鲁大学、哈佛大学、斯坦福大学、哥伦比亚大学或者芝加哥大学法学院的学位证仍然是一块寻求法学院教职的"敲门砖"。而从差异来说,前述三位老师在法学之外,都对其他学科有专业的学习和研究,这在20世纪70年代以前是不多见的。当然也有例外,比如庞德就不仅是法学家,他还深造过植物学,是著名的植物学家,领导了家乡内布拉斯加州的植物普查,但是绝大多数学者如弗兰克福特在法学院毕业以后就不再学习其他学科了。三位老师当中,除李老师当过律师外,其他两位在从教前基本没有离开过学校,张老师更是几乎没有离开过耶鲁大学,这在20世纪70年代以前也是比较少见的。当时一般认为,法学院的毕业生在从教前最好积累一些实务经验,包括给法官甚至最高法院大法官当助理,以及在律师事务所执业,比如,弗兰克福特毕业以后就到华尔街的大律师行工作,很快其又转入政界,在纽约和华盛顿为联邦政府效力,兜兜转转差不多10年后才回到母校任教。这些差异是怎样产生的呢?主要原因在于人们对法学的理解发生了重要变化。

□ 什么是法学?

在美国的历史上,这个问题第一次被提出,可以追溯到19世纪后期,这是美国法学产生学科意识的标志;而第一位“高赞答主”是克里斯托弗·朗代尔,他当时担任哈佛大学法学院的掌门人。别看法学现在是美国的显学,地位很高,1870年朗代尔出任哈佛大学法学院院长的时候,法学正面临一场可能被逐出美国大学的危机。当时,德意志人洪堡的现代大学理念传到了美国,引发了大学内部的巨变。原来大学主要注重教学,现在则强调研究。任何学科的研究对象都必须是一门科学,而法学算得上科学吗?在这之前,美国的法学院脱胎于律师学校,以培养律师为主要目标,这就必然注重教学而轻视研究;在教学当中也强调实践技艺,比较少有形而上学的总结和反思,这导致法学的科学色彩非常淡。法学刚进入大学没几年就要被“赶走”,可以说是面临“生死危机”。朗代尔的主要贡献就是带领美国法学走出危局,增强了法学形而上的科学色彩,建立起了形式主义法学。简单地说,他认为,法学之所以是科学,是因为法学能够发现和证明法律内部是一个融贯的体系。就像欧几里得的几何学,是由几条公理推衍出定理,再用定理去理解各种复杂的图形关系;法学也可以从一些法律原则出发,演绎出法律规则,再把规则适用到个案当中形成判决,反之,从判决当中也可以归纳出法律规则,再从规则当中抽象出法律原则来,这就形成了内部循环。多循环几次,就可以逐步建立起一座严整的“法律大厦”。这座大厦是内部自洽的,不需要考虑法律以外的任何因素,它在独立性、复杂性、融贯性等方面都不输一般的自然科学,所以当然有资格留在学校里。今天法学界无论中外,仍然在很大程度上接受朗代尔的观点,希望尽力去发现和维护法律体系内部的融贯性,把这座"法律大厦"建设好、经营好。

□ 关于法律学术人才的讨论

从以上观点出发,来看法律学术人才需要什么特质,又要怎样培养,则至少可以得出两点结论。其一,法律学术人才要认真学习法律,而不大需要学习其他学科的知识。法律是一座恢宏的大厦,靠自己大概"逛"不明白,需要请有经验的人带着"逛";法学是一门博大精深的专业,靠自学恐怕不行,需要读法学院,所以名校法学院的学位是必要的。而"法律大厦"采取封闭管理,每一扇窗子都关紧,外部的"空气"不经净化不准流入;法学和社会生活的其他内容关系不大,所以其他学科的学习乃至学位都不必要。其二,法律学术人才要全面了解法律,只在书斋里恐怕还不够,还得花些时间到法律实务部门去体验一下,积累经验。这两点是不是非常像弗兰克福特的经历?实际上,弗兰克福特本人就是在朗代尔学说盛行的时候到哈佛法学院读书的。

朗代尔既是法学家,又是法学教育家。他不仅开创了形式主义法学,而且回答了"什么是法律学术人才""怎样培养法律学术人才"的问题。不难看到,法律学术人才的培养在很大程度上取决于人们对于法学的理解。这种理解从 20 世纪初开始发生了很大变化,而变化来自社会的剧变。众所周知,美国从 19 世纪后期进入"镀金时代",经济高速发展,国内生产总值跃升到世界第一。与此同时,其资本主义进入帝国主义阶段,各种社会矛盾开始爆发,不仅有根本上的阶级矛盾问题,而且在具体层面问题迭出,劳工问题、治安问题、垄断问题等都威胁着美国的社会安定乃至制度自信。作为回应,国家开始用法律来规范市场,深度介入经济和社会生活;法律越来越不是朗代尔所设想的不食人间烟火的大厦,而是越来越开放。比起自身的逻辑自洽,法律更在乎如何有效实现社会目标。时代迅速发展,法律从刻意与时代保持距离,转变为努力跟上时代发展的脚步。这种新的法律观被叫作

“法律现实主义”,与之相适应的法学就是现实主义法学。现实主义法学的主要代表人物包括霍姆斯、布兰代斯、弗兰克福特、汉德、庞德和卢埃林等人。用霍姆斯的话说,“法律的生命不在逻辑,而在经验”。这是现实主义法学的箴言,也是对形式主义法学的一场革命。革命以胜利告终,现实主义至今仍然是美国法学界的主流立场。

但是,直到20世纪70年代,现实主义法学对于美国法学人才培养的影响都比较有限。虽然人们普遍认为法学人才不能只学法律,还要了解其他学科特别是社会科学,但是这种了解通过本科学习以及课外自学就基本可以完成,不需要在念完法学院之后再去读一个学位。同时,现实主义和形式主义都要求了解法律的运作情况,所以对法律学术人才的要求也类似,都包括在学成之后去实务界短暂锻炼的内容。截至20世纪70年代,就形成了法律学术人才培养的“老四件套”:一是名校的法律学位,通常是基础学位即法律博士(JD),它的前身是法学学士(LLB),而进阶学位包括法学硕士(LLM)和法学博士(JSD)则并不要求;二是法律评论的编辑经验,特别是如果读法学院时当过《哈佛法律评论》这样著名杂志的编辑,在求职时会获得巨大的加分;三是担任法官助理的经验,特别是给联邦最高法院大法官担任助理,不仅要代大法官起草很多判决,而且往往会成为大法官司法学说最忠实也最权威的阐发者和捍卫者;四是律师实务的经验,一般在律师事务所工作两年,也有在政府、工会、非政府组织等担任律师的。凑齐这些经历之后,一个30岁左右的年轻人就有相当大的概率获得法学院的聘用,成为助理教授;再经过6年左右的努力,写出代表作,就可能获聘终身教职。这是20世纪70年代以前法学人才培养的标准模式。

从20世纪70年代开始,美国法学和法律学术人才培养都发生了重要的变化,并影响至今。就法学来说,法学进一步与其他学科深度交融,产生了所谓“法律与其他”(law and)的研究倾向,法律经济学、法律社会学、法律政治学、法律史学等交叉学科蓬勃发展。这对法学人才培养提出了新的要求。一方面,学术界要求年轻人不仅能够从事法学研究工作,而且对于经济学、社会学、政治学、历史学等也要具备专业的研究能力,这就不能仅靠本科或者自学来实现,而是必须要去读相关学科的博士学位。大部分人的能力只够同时读一个博士,想读两个博士就需要有先有后,而获得每个博士学位都耗时较长,历史学博士甚至有读8年、10年的,这就很容易出现"读了后面的、忘了前面的"现象。一个念了3年法律的年轻人,又花了8年时间读完了历史,他如何证明自己没有把法律忘光,仍然有能力从事专业法学研究工作呢?最好的办法就是写一篇法学交叉学科的高质量论文。以前求职时,法学院并不强调应聘者提交成熟的作品,现在则开始强调。另一方面,由于学界更加强调对于法学以外学科的了解,相应降低了对于法律实务的了解要求,所以没当过法官助理或者律师渐渐不再是一个大问题。这样一来,法律学术人才的培养就出现了"新四件套":名校法律学位和法律编辑经验维持不变,新增了其他学科博士学位以及一篇代表作。这就和我们前面提到的三位中国青年学者的经历背景高度吻合了。

不难看到,法学交叉学科的兴起改变了法律学术人才的培养要求,从"老四件套"变成了"新四件套"。而耶鲁大学是法学交叉学科的中心,一手策动了这次改变。理所当然地,耶鲁大学也成为美国法律学术人才的培养中心,如今每年获得法学院教职的年轻人里有一大半都是耶鲁大学毕业的。考虑到美国有200多所法学院,耶鲁大学一家独霸的局面是非常特殊的,特别是在大多数法学院内,学生主流的就业方向都是从事实务,而在耶鲁大学法学院内部,选择以学术为业的学生不成比例地高。这就意味着耶鲁大学需要实现法律学术人才培养的工业化、规模化,原先那样个别老师辅导个别学生的方式肯定不行了,必须总结出一些方法,开发一些能够普遍适用于许多学生、让很多学生受惠的培养方式。类似的情况也出现在哈佛大学、斯坦福大学、哥伦比亚大学、芝加哥大学等排名靠前的法学院。这些法学院为了帮助学生实现获得教职的愿望,逐渐摸索出了法律人才培养的一些特殊做法,下面就具体介绍一下。

■ 法律学术人才培养措施

为了培养法律学术人才,美国各大法学院所采取的措施大致可以分为两个方面:组织和服务。组织工作解决"谁来做"的问题,服务工作解决"做什么”的问题。

□ 组织工作方面

在组织工作方面,美国的措施有两个特点。第一是教授治校。教授治校的主要形式是建立各种教授委员会,负责决定和处理学院各项事务。比如,耶鲁大学法学院成立了专门的法学教职委员会,负责决定法学人才培养方面的重要事项,并为学生提供所谓的“循环式支持”服务,也就是学生从表达从事学术工作的兴趣开始,直到获得教职,全过程都能够获得委员会的支持,周而复始。这个服务的承诺很重大,需要教授们实实在在的投入。我在耶鲁大学读书时,领导委员会的是著名的法律经济学家伊恩·艾尔斯教授。艾尔斯教授对这件事情很热情,在委员会的网页上,他不仅提供了公共邮箱,而且特别注明艾尔斯教授欢迎学生用私人邮箱联系他。记得有一次,学院组织学术模拟求职会,艾尔斯教授做了鼓舞人心的发言,最后还把自己的电话号码写在黑板上,鼓励所有需要帮助的同学联系他。其他的老师,比如我的导师组成员列娃·西格尔教授、北京大学左亦鲁老师的导师组成员迈克尔·威士尼教授等,都是委员会的活跃成员。老师们这种“传帮带”的精神,给我留下了非常深刻的印象。

组织工作方面的第二个重要特点是专业化。比如,耶鲁大学法学院设立了职业发展办公室,而帮助学生找教职是办公室的一项专门业务。我国大学也为学生提供就业服务,这一般被认为是学生工作的延伸,是为了把学生从校园送到社会去,所以相关工作通常由学工部门来承担。而在美国,法律就业更多是从市场的角度向学校提要求,就业服务是法律市场的延伸。所以相关工作往往要聘请专业人员来做,这些人与法学院的其他行政人员差别比较大,而和社会上的职业中介有几分相似。无论是从专业的程度、人员的规模,还是服务的完备性、系统性来看,美国顶尖法学院的就业服务都明显不同于我国。让专业的人做专业的事,这是美国法学院组织工作的另一个重要特征。

特别值得一提的是,在网络的时代,学院各部门都有非常完备的线上服务,这在疫情期间显得尤为重要。比如,耶鲁大学法学院的主页上就建立了

“法律教职项目”专页，不仅用栏目的形式提供大量信息，而且还把这些信息汇集成册，做成一本小书，叫作《进入法律教职市场》。这本小书每年更新，学生可以在网上下载。非常有趣的是，书中的某些章节仅仅提供给耶鲁大学在校生阅读，外人看不到。其内容诸如，校友当中有哪些当教授的可以提供指导？校友中有哪些新近的毕业生可以提供辅导？等等。甚至它还提供了一份耶鲁大学法学院校友在各大法学院担任教职的名单。可见美国人在找工作的时候也很讲究人际关系。哥伦比亚大学也建立了一个叫作“法律教职项目”的专门网页，杜克大学则建立了“学术职业支持”网页。

除学院内部外，在院际层面还建立了“美国法学院协会”。协会负责协调各大法学院的招聘工作，提供三项重要的服务。第一项是求职意向登记。想当老师的年轻人在协会的系统里注册账号，把个人信息输入进去，有招聘意向的学校就都能够看到。这就省去了个人逐家打听和寄送材料的麻烦。第二项是教师招聘会。每年秋天，协会都组织供求双方集中见面，这就形成了招聘会。招聘会一般要持续三天之久，供求双方按照事先约定举行面试。求职者连轴转，虽然辛苦，但是效率总比一家一家上门应聘要高很多。第三项是岗位手册，用来发布需求信息。此手册每年都会出版多期，信息非常详尽，比如，教职需求就分成初任教师职位、有经验的教师职位、诊所教育教师职位和法律研究与写作方面的教职等多个类别。这类似于招聘广告的集合。不难看到，美国法学院协会在学术求职中的地位就是一个“大中介”，而且具有一定的垄断性。

□ 服务工作方面

介绍完了组织，下面说一说法学院为学生提供哪些求职服务。这里以哥伦比亚大学法学院作为例子，它所提供的服务大致可以分成四类，本文称之为走进学术类、求职实战类、博后职位类和导师指引类。

“走进学术类”，服务内容主要是普及关于法学界和法学人才培养的基本知识，激发兴趣，解答问题，分享信息。具体来说包括三个内容：

一是日常的咨询，包括电话咨询和邮件咨询，一般由就业办公室来承担，也有教师参与。

二是午餐工作坊系列，在春季学期的每周举行。比如，2019 年的工作坊系列连续举办了 10 次，每次都占用午餐时间，持续大概一小时，参加者边吃边听。每次工作坊都聚焦一个主题，请一位或者多位嘉宾主讲。这些主题都非常“接地气”，比如，2019 年春季学期中 2 月 4 日的主题是“我希望当年在法学院读书时更多了解或更深入思考的东西”，2 月 25 日的主题是“从律师执业转向法律教学”，3 月 4 日的主题是“制定你的研究议程：提出论文设想并跟进”，4 月 1 日的主题是“法律博士与其他学科博士都读的道路：怎么读？为何读？必要吗？”。我在哥伦比亚大学做交换生的时候，参加了很多这种午餐讨论会，主要是为了蹭饭，同时也可以开阔眼界。印象最深的有三点：议程非常紧凑，参与者发言都很简短，绝不拖延时间；有些师生体力很好，不睡午觉；披萨饼实在太长肉了，三明治略好一些，最好吃的还是中国菜。

三是法学研讨班的课程，这是在秋季学期开设的，课程量相当于北京大学的两个学分。比如，2013 年的这门课程，主持人是著名的女性主义法学家凯瑟琳·弗兰克，我的民权法就是弗兰克教授教的。这门课有专门的教材，每堂课都请一位教授来主讲法学研究的一个话题。第二次课请的是女性主义法学家伊丽莎白·艾蒙斯，她所讲授的主题是“如何开启一个新的研究项目”；第三次课请到的是行政法专家大卫·波岑教授，他的主题是“如何推进学术作品的进展”。和工作坊相比，这门课的系统性更强，对学生的要求也更高，培养效果应该也会更好。

“求职实战类”的服务，主要是围绕美国法学院协会所提供的两项服务展开的，一个是材料，另一个是面试。

关于材料，俗话说，“佛要金装，人要衣装”，对于想找教职的年轻人来说，材料就是衣装、是脸面，写好材料至关重要。为此，哥伦比亚大学法学院提供协助填报和代投简历的服务。尤其重要的是，学院还提供各种材料的范本，比如法学院招聘时通常都要求提供详细的学术简历，这种简历往往可以长达几页甚至几十页，内容如何取舍、版式如何设计、篇幅如何控制，都有一定之规，求职者可以根据学院的范本“照猫画虎”，就能八九不离十。

关于面试，学院在面试之前会邀请校友分享面试的经验，还会组织模拟求职会,提供模拟面试的机会。到了求职会现场,学院还经常出钱补贴学生的住宿。比如,2018 年的模拟求职会是在 9 月 7 日举行的,为期一天。有意寻找教职的学生要向由本院教师和其他学者组成的面试小组介绍自己的求职论文。学院不收取任何费用,并且提供午餐、晚餐,以及“过量的咖啡”——可见求职会是一个多么伤神的活动。求职会的主要目的有三:一是反馈,帮助学生修改论文和改进台风;二是社交,帮助学生认识志同道合者以及先前的校友,建立人际网络;三是体验,帮助学生感受学术求职的火热气氛。耶鲁大学的求职会形式和哥伦比亚大学基本相同。印象最深的是,老师们在批评求职者时不留余地,一针见血、不讲情面但很中肯,对于年轻人的发展乃至学术风气的维持,非常重要。

“博后职位类”的服务,主要是针对“新四件套”中代表作品的要求而设立的。写文章是件很耗费时间和精力的事,法学院的学生疲于应付课业,很难兼顾写作。为此,一些法学院给刚毕业的学生设置一个缓冲期,通常是一年或者两年,让学生专心写作求职论文,同时了解学术生态并参与教学工作,为当老师做好准备。学生在这个缓冲期的身份是博士后性质的,名义可以叫研究人员、访问助理教授、准教员等。比如,准教员是哥伦比亚大学法学院的项目,按照哥伦比亚大学的要求,准教员的职责主要有三个方面:一是写作求职论文,拿到模拟求职会上接受批评,这是准教员的主业;二是教学,为法学硕士开设法学研究与写作的课程,包括课堂教学、布置作业、一对一辅导等;三是交流,每周参加研究人员工作坊,交流论文并相互批评。学院为准教员提供非常丰富的资源,包括教师指导、办公空间、研究经费等。准教员还拥有博士后研究员和兼职法律讲师的身份,能从学校获得工资福利。不难看出,所谓“准教员”,就是接受特殊学术培养的“高级学术苗子”。耶鲁大学把这种特殊培养进一步升级,设立了“法学研究博士”的学位,让“高级学术苗子”不仅可以得到培养,而且能够多拿一个学位。当然,这个博士的本质更像博士后,所以有人批评它“名不副实”。

“导师指引类”的服务,主要是在学生和老师之间建立稳定的、一对一的指导关系。美国法学院的法律博士和法学硕士项目通常都不是导师制,而有志于学术的学生往往很需要认一位师父,时时请教、处处学习。为了满足这个需求,哥伦比亚大学法学院建立了必作大论文制度,要求所有法律博士项目的学生都确定一位指导老师,撰写一篇有分量的长论文。从选题构思到布局谋篇,到写作成文,再到修改定稿,导师和学生在每个阶段都频繁交流,学生能够得到手把手的传授。除此之外,学生还可以给老师做研究助理,与老师合发文章,乃至在老师的介绍下"蹭"些会议等,这都是获得老师指导的途径。通过这些努力,学生虽然没有导师,但是不难找到一位"不是导师、胜似导师"的学术引路人,这对于他们投身学术界当然有非常重要的作用。

以上就是美国的法学院为了培养学术人才,在组织和服务两个方面所采取的主要措施。在组织方面,主要是教授治校、实现法律求职服务的专门化,以及建立全国性的法律求职中介组织——美国法学院协会这三项措施。在服务方面,主要是提供走进学术类、求职实战类、博后职位类和导师指引类这四类服务。怎样评价这些措施?从总体上讲,20 世纪 70 年代以来法学交叉学科的兴起,对法律人才的培养提出了重大的挑战;而通过上面这些措施,以耶鲁大学为代表的顶尖法学院较好地应对了挑战,培养了适应法律交叉学科研究需求的学术人才。具体来讲,这种培养主要有两点长处:一是重视度高,组织保障好。耶鲁大学法学院的教授是以培养同事、同行和同道的精神来训练法学人才的。最优秀的人才今后可能与自己共事;另一些人才会"开枝散叶",到其他学校任教,成为自己的同行;即使学生最终没有选择以法律学术为业,当了政客、律师,或者从事其他工作,他们也会在理念上、在审美上认同法学、支持法学,成为同道中人。这些人是教授们要打一辈子交道的,他们自然非常重视培养工作。另一个长处是以服务为导向,从实战出发。各大法学院采取的措施是典型的需求牵引:市场需要求职者具备哪些素质,学院就培养求职者的哪些素质;求职者需要哪些资源,学院就提供哪些资源。通过这些努力,法律学术人才培养成为一个专门的体系,也成为包括耶鲁大学法学院在内的美国法学院工作中的亮点。

但是,法律学术人才培养的挑战并没有得到完全的克服,学界内外的批评都很多。这些批评集中在两个方面:一是法学院对于学术人才训练的系统性仍然不够,和相邻学科如经济学、社会学、政治学相比,显得较为薄弱。

很多年轻老师实际上是在相邻学科获得了完整的训练,再把训练的心得运用到法学研究之中。比如,哈佛大学的著名宪法学家马克 · 塔什奈教授就曾经特别指出,法学院不注重训练学生了解本学科的学术传统和学术脉络,所以他本人在工作之初花了很多时间去研究美国宪法学的历史,自己补上了这一课。二是教师的指导仍然非常不足,毕竟没有固定的导师,不可能像相邻学科那样连续几年常伴在导师身边接受教诲,也不会有“师门”的概念和感觉,这让很多学生都留有遗憾。这些批评很有道理,它本质上反映了法律学术人才培养的两种思路:一种思路认为,法律学术人才是实务人才的副产品,法学院还是要坚持以培养实务人才为主;另一种思路认为,法律学术人才是独立于实务人才的,法学院应当像经济系、历史系那样开辟专门的培养通道。这两种思路到底哪个更有道理,可能会一直争论下去。美国的现状实际上是妥协的结果:绝大多数法学院遵循的是前一种思路,学术“苗子”的培养基本是个案式的、高度依赖自学的,但学生也可以转到遵循后一种思路的法学院去深造;而以耶鲁大学为代表的个别精英法学院则遵循后一种思路,尽管由于历史原因,他们在学术人才培养的专业化程度上还无法与兄弟学科相比。

■ 结语

以上是本文分享的主要内容。最后,我想简单谈一谈美国法学人才培养与中国的关系。介绍美国的情况不是要照抄照搬,而是为了对照外国来更好地理解自己。从美国的经验来看,法学人才的培养取决于法学的定义。什么是法学?不同国家的理解存在很大差异,比如,法律与交叉学科的研究在中国显然没有在美国那么重要,中国法学的主体仍然是就法论法。这就意味着,对于想在中国寻找法律教职的年轻人来说,其他学科的博士学位没有像在美国那么重要。两个国家法学人才培养的相通之处在于,要按照对于法学的理解来设计学术人才的培养方案,确保供求不脱节。在具体做法的层面,美国法学院为有志学术的年轻人提供的许多支持都不乏参考意义,国内也有很多类似的做法,两国在这个层面的交流还有很大空间。

学术是一条小众的道路，怎样在一座大众的法学院培养一群小众的学术人才，这是一个天然的悖论，也不可能有终极的答案。希望本文的分享能够让我们向答案靠近一步。

提问与讨论

问：耶鲁大学法学院的“PhD in Law”（法学哲学博士）项目相比于传统的法律学术人才培养模式有何突破与发展？对比 SJD（Doctor of Judicial Science，法学博士）项目和“PhD in Law”项目，虽然 SJD 项目主要向非美国本土学生开设，但是拥有 SJD 学位的学生没有比拥有 JD（法律博士）学位的学生更具有竞争力，因此 SJD 的培养模式存在诸多不足。那么耶鲁大学法学院进行“PhD in Law”的实验，在导师体系不变的前提下，如何弥补 SJD 项目的不足呢？

答：SJD 项目分为两类，一类是以哈佛大学的 SJD 项目为代表，培养周期长，鼓励毕业生在美国本土求职；另一类是大部分法学院采取的培养模式，培养周期有一定弹性，鼓励毕业生回国或者于美国本土之外求职。与“PhD in Law”项目进行对比，SJD 的缺陷在于其仅为一年级学生开设一门学术性课程，缺乏学术脉络的教授与训练，而“PhD in Law”项目则更加全面地模仿了其他社会科学领域的 PhD 项目。

左亦鲁老师补充：首先，关于 SJD 项目未能成为美国本土学生的选择的理由在于：一方面，SJD 项目开设之初，拥有 JD 学位即可应聘教师职位；另一方面，法律社会科学的兴起使得学生均倾向选择“JD + PhD”的模式，故而 SJD 项目遇冷。

关于“PhD in Law”项目，其设立过程中存在两种反对声音：一是年轻一代的教师认为攻读 JD 学位和其他学科的 PhD 学位为最佳路径，“PhD in Law”项目有如鸡肋；二是较为年长的教师则认为拥有 JD 学位即可，无须攻读任何学科的 PhD 学位。但是当时的法学院院长坚决地予以推动并实施。

“PhD in Law”项目的问题在于其主要依赖于个人化的努力，即强调

“老师应当更负责”,而非依赖于制度构建。因此,其认为该项目能否制度化和可持续发展留待更多观察。

问:美国培养法律学术人才的机制中,有无不良因素导致不正当竞争关系的产生?

答:美国的学术求职领域是高度竞争的领域。正如列娃·西格尔教授所言,美国学术求职取决于三个因素:资质、人脉和偶然性,由此导致的求职压力非常大。

但是由于招聘的核心条件单一,仅看重代表作的质量,因而学生内部形成了良性的竞争关系。此外,在教师内部,如前所述的委员会均是教师基于兴趣而设立,并非学院建制机构,因而也不存在不正当竞争的情形。

问:仅拥有 JD 学位的学者和进一步攻读 PhD 学位的学者在美国法律学术界的话语权有无差别,或者两派学者有无激烈交锋?

答:由于存在代际差异和研究领域的隔离,这两类学者没有发生激烈交锋。首先,代际差异体现在老一辈的学者多仅攻读 JD 学位,甚至仅攻读 JD 学位的前身 LLB(Bachelor of Laws,法学学士)学位,年轻一代的学者才倾向于继续攻读其他学科的 PhD 学位,此种时代差异缓和了矛盾与冲突;其次,研究领域的隔离体现在不同领域对于 PhD 学位的需求不同。

比如宪法学者基本仅攻读 JD 学位,但各个规制领域的学者倾向于继续攻读经济学、政治学、社会学等 PhD 学位,而法律经济学方向的学者几乎必然会攻读经济学的 PhD 学位。故而交锋多发生于中间性学科,比如劳动法。

传统的劳动法学者认为劳动法是在职场领域实现民主的法律;但是年轻一代的学者多依据经济学认为工会、劳动法可能会破坏经济效率,最终不利于劳动者。

左亦鲁老师补充:一是在学术研究以跨学科为导向的背景下,耶鲁大学法学院聘任了完全没有接受过法律教育的原纽约大学心理系系主任;二是在指导学生的方式上,仅有 JD 学位的教师能够给予学生观点上的启发,但是拥有 PhD 学位的教师能够更好地与学生进行交流和沟通。

德国与瑞士大学法学专业的教与学

高 薇

关于作者

高 薇

北京大学法学院长聘副教授、博士生导师；德国海德堡大学硕士、瑞士伯尔尼大学法学博士，2012年2月至2016年3月任上海交通大学凯原法学院讲师、副教授；2016年4月调入北京大学法学院，任副教授及《中外法学》编辑部主任、副主编。曾在德国律师事务所工作。于2010年1月至2011年12月在北京大学法学院进行博士后研究，获得“北京大学2012年度优秀博士后”称号。研究领域为国际商事仲裁法、国际私法、国际经济法及互联网治理，已发表多篇中英文论文，出版德文专著、中文专著。

2019年4月26日中午，北京大学法学院青年教学沙龙系列第三期“德国与瑞士大学法学专业的教与学”在陈明楼102会议室举行。

本文首先提出三个问题：一是德国、瑞士法学教育中的考试与教学有什么特点？二是高等教育究竟应当是什么？换言之，大学究竟应为每一位有志青年提供一条什么样的知性路径？解答这个问题是我们持续深入考察一所大学肌理的真实目的。三是留学经历如何让年轻人找到未来的方向，以及这种经历如何在潜移默化中为一个年轻人的未来打下基础？我先回答第一个问题，它将引导我们对第二个和第三个问题做进一步的思考。

德国法学教育之体验与思考

我曾在德国海德堡大学攻读法律硕士学位，那么第一个问题大约是：“我为何而来？”

选择德国和海德堡大学或许具有偶然性，但我从这里获得了弥足珍贵的智力财富和生活体验。我的讲述必须从海德堡这座传奇城市讲起，这是我选择海德堡大学的一个必然之一。当我第一次了解到这座城市、看到它的照片的时候，它就深深吸引了我。

海德堡被公认为德国最具诗意的城市、浪漫主义运动的中心，它拥有欧洲最雄伟的中世纪古堡废墟，也拥有全世界最古老的大学之一。更重要的是，它还是德国唯一一个经历“二战”依然完整的城市。在它的老街上，生活依然保持着一百年前的样貌和节奏。从来没有一个德国城市，得到过像海德堡这么多的赞美。歌德说，这里是他把心遗失的地方。荷尔德林说，海德堡是他见过的最美的德国城市。海德堡大学的校史档案里记载了茜茜公主赞美它的诗篇。在描述自己的欧洲之行时，马克·吐温写道，他从来没有遇到过一个地方，如此充满平静与迷人的魅力，海德堡给人一种不可超越的美感。

去海德堡留学的另一个必然是海德堡大学本身。

海德堡大学向来为德国浪漫主义与人文主义之象征,每年吸引大批外国学生或学者前来求学或研究。我有幸先后在五所国内外顶尖大学学习和任教,在我每一次选择大学的时候,我都刻意去选择综合性和研究门类齐全的大学,因为我认为,这样的环境可以让人获得一种多样性和丰富性,这对一个年轻人的成长至关重要。

海德堡大学正是一所涵盖了人文、社科、法律、自然科学、生命科学等多学科的世界顶尖研究型大学。我的朋友和同学所学的专业有法学、外语、经济学、东亚艺术、神学、医学等,我的邻居也在大学任教。我还曾在公共巴士上看到有大学生在研究楔形文字,大学所开课程门类的丰富让我惊异。

海德堡大学的自然科学及大部分医学科系均坐落在海德堡新区的新校区,而人文学院、法学院及大学行政管理单位则位于海德堡的老城区。很多大学的机构散落在海德堡的市区及周边地区。我刚到海德堡的时候,常常边走边看路边墙上的门牌号,发现很多研究机构和院系就藏身于路边的一栋老房子里。大学和城市融为一体,学习和生活融为一体,海德堡确实是名副其实的大学城。

在很多年前,美国的学生都要去欧洲留学。洪堡被誉为"现代大学之父",他于1809年所创建的柏林大学后来直接影响了美国、英国等国的高等教育改革。美国教育史的学者认为,19世纪的美国留德学生从德国大学获得了三种"智力财富":智力习惯(intellectual habit)、智力方法(intellectual method)以及智力和道德的信念(intellectual and ethical conviction)。其中,智力习惯代表学者个人及其学术的独立性,它是三种财富中最为宝贵的;智力方法代表在思想和研究上的全面性和准确性,即掌握全部能够知道的有关的事实材料;智力和道德的信念,指深信自己所做的事情,将为美国的知识和学术增添财富。海德堡大学的新教学楼前题有:"Dem Lebendigen Geist"(致活跃的灵魂)。这便是海德堡精神的缩影:活跃而自由。这句话既印在了这座我们常常上课的教学楼前,也深深地印在我的脑海里。在我任教之后,我常把对此的体会和学生们分享。

法学专业的学习在德国大体有三种类型。第一种是选择国家考试,这是德国学生选择的模式,外国学生也可以选择这种模式,相当于完成本科及硕士阶段的学习,以通过两次国家考试为毕业形式。其中,通过第一次国家考试的平均学习时间为10个学期,然后进入周期约两年的实习阶段、完成第二次国家考试,获准执业。第二种是法律硕士项目(LLM),此项目面向外国留学生,周期一般为1年,必要时可以延长。毕业要求包括论文和口试。在我第一次的法律硕士项目学生的师生见面会上,法学院的院长Thomas Pfeiffer教授(后来也成了我的硕士导师)介绍了硕士学习各方面的情况,每人也收到了很多学习材料,其中还包括毕业论文写作的详细规定,具体到字号的大小。德国的教育以严格著称,法学教育更是如此。根据海德堡大学的规定,一旦硕士论文因抄袭的原因未获通过,就不存在补考机会,并且不可以在本州的其他学校重修。第三种学习路径是攻读博士学位。想要在海德堡大学攻读博士,首先要在成绩方面达到比较优秀的水平,同时还要找到合适的导师。以我的观察,德国从业的律师们很以拥有博士学位而自豪,在律所的介绍中你可以看到很多律师都拥有博士学位。德国人也会把博士头衔印在住宅的门牌号上,这应该被德国人视为一种荣誉和智识能力的表现。

在这样的基本体系之下,我再以海德堡大学为例,具体展开德国法学教育的一些细节。

其一,关于教学手册的设计,这是教学的开端。北京大学的教学手册和海德堡大学的教学手册在内容和形式上均有差异。在教学内容上,海德堡大学的教学手册显示出课程的设置比较科学,尤其是其不重复设置课程,学生可自由选课完成学习计划。硕士生可以根据自己兴趣选择方向完成学分要求并毕业。而北京大学教学手册显示,针对不同的学生会设置不同培养计划。以我所教授的课程为例,无论是国际经济法还是国际私法,北京大学均有针对本科生和硕士生的课程,由老师分别教授。两相对比,海德堡大学的课程设置能够减少教学资源的浪费,也给了学生更大的自由选择权。

在形式上,海德堡大学的教学手册更具生活气息,小册子里面除课程安排外,还穿插着书店、社团、语言班等一些组织的广告。大学也非常注重资料文献的保存,网上有几乎所有课程手册的电子版可供下载。北京大学的教学手册以教学计划为主,没有其他内容。

其二,关于课程内容和教材要求。仍以国际私法的教学为例,在教学内容上,中国的国际法教师一般仅教授国际法相关课程。其实,国际私法除法律适用的内容外,还以各国民商法、国际民事诉讼等内容为基础。因此,在德国与瑞士,教授国际私法课程的教师,往往也教授民法的基础课程或是婚姻法、物权法、债法、国际民事诉讼等课程。所以我很早就明白,要想掌握国际法,其实先要有坚实的国内法基础。在教学材料方面,主要包含每年更新一版的教材、法条汇编、案例集以及几乎人人不离手的法律评注(Kommentar)。

其三,关于德国法学课堂的几点观察。在我学习的时代,一是老师的课堂教学方式较为传统,在我留学时期,也就是2004年之后的那五年,教师会使用幻灯片、黑板板书或者塑料板,也有学生在小课上使用PPT做报告,但这种方式并不流行。这种情况现在也许已经有所改变。二是课堂秩序井然,比如Pfeiffer教授的国际私法课程,Baldus教授的罗马法课程以及Ebeke教授的民法课程,虽无点名制度,但三位教授都非常严格。例如,课堂上如果有人打电话或有其他声音,Pfeiffer教授和Baldus教授就会停下讲课,直到"干扰"自动消除。制造干扰的人自己会觉得非常不好意思。Ebeke教授则会告诉误入民法课堂的学生,"先生,您没有走错教室,民法课程是最值得学习的课程"。三是教学具有仪式感,体现之一为德国的法学教授们在着装上往往西装革履,其他专业的教授则不然,比如经济系的教授。四是课后答疑的方式颇具特色,学生一般需和教授秘书预约,也会有教师将答疑时间及能够容纳的人数贴在办公室的门上,由学生自己写上名字,先到先得,超过了规定的答疑时间就只好等待下次。

特别值得一提的习俗是,德国学生在上课结束时会以敲桌子的方式表示对教师的赞同和感谢,但是该习俗的形成与发展一直没有得到系统研究,一片迷雾笼罩其上。我虽多方打听,也没得到确切的回答。根据德国大学生历史协会的主席解释,这一传统可能来自18世纪,大一新生会通过"击鼓宣告"的形式被欢迎入学。老生会用棍棒敲击地面。这一行为包含两重意思:一方面,这是表示欢迎新生;另一方面,对教授的讲课不满时,也会用棍棒敲击地面。18 世纪学生还有一种表达方式,即用手握拳敲桌子。这被称为"喝倒彩",不过是为了表达对导师的赞同。法兰克福大学的历史系教授有另一番解释。以前学生上课只有一只手能用,另一手要握笔或者拿本子。因此学生只能用一只手来表达情绪和观点,他们就想到了用手敲桌子。18~19 世纪,学生们还会冲导师发出嘘声,这也是对导师表示赞同。主席先生对这些神叨叨的解释表示无奈,"这些传统常常自相矛盾"。研究这一现象的资料目前不在大学图书馆里,而是散落在人们家中,包括书籍和文献,需要学者去搜寻整理。

其四,教学方法别具一格,或者说代表了德国法学教育的一种传统。

一是注重法条,比如民法课程中,上课需携带法条,教授内容主要为法律如何规定和如何解释。

二是注重授课(Vorlesung)加案例研习(Uebung),由教授讲授大课,一般几百人;由教师助手带领学生进行案例研习,并对学生的案例分析进行批改和反馈,这种小班研讨有人数限制,有的只有十几二十人。

三是注重案例分析的技术。具体而言,撰写鉴定式的案例分析分为四步,以人身伤害索赔案件为例,这四步分别为:(1)撰写一个假设,即"A 根据《德国民法典》第 823 条第 1 款可能拥有一个要求 B 赔偿治疗费的请求权"。(2)对《德国民法典》第 823 条第 1 款中所规定的请求权产生的前提条件进行定义,包括:法益侵害、侵害行为、责任构成性因果关系、违法性、过错、损害及责任填充性因果关系,并对相关理论上的不同观点进行分析。(3)运用涵摄技术(Subsumtionstechnik)将案例事实对应到各个前提中。(4)根据案例事实是否符合前提条件得出请求权是否成立的结论。该种技术训练有利于培养法律分析的逻辑。

其五,关于德国法学考试,主要分为三种类型。一是闭卷考试(Klausur),细分为以案例为主的考试(如民法基础课程考试)和以论述为主的考试(如国际私法、国际公法课程考试)。案例为主的考试需采取前文所述的案例分析技术,同时允许携带清洁的法条(不许有批注)或几页纸的参考资料。二是家庭作业(Hausarbeit),一般要求假期结束后提交。三是研讨课(Seminar),一般研讨课是在教室中进行讨论。2004 年世界杯的时候我参加了一个体育仲裁的研讨课，课上除真正的仲裁员外，还有体育比赛的裁判加入讨论，讲解体育场上仲裁的特点。在德语中“仲裁员”对应的词是“Schiedsrichter”，而德语中的“体育裁判员”也是它。比较特殊的研讨课是“Block Seminar”，此类研讨课一般由教师和学生聚在校外某地讨论相应主题，费用自理。教学计划里面有对参加研讨会学分要求，一般这类研讨课的主题也更有趣，可以学到更多东西。

其六，德国法学教育中，越来越重视与实践相结合的课程，如模拟法庭以及法律诊所。就模拟法庭而言，“威廉·维斯国际商事仲裁模拟仲裁庭比赛”（Willem C. Vis International Commercial Arbitration Moot Competition，以下简称 Vis Moot）毫无疑问是其中最为重要的项目之一。在对 Vis Moot 的参与度上，一方面，截至 2014 年，有 28 所德国学校参加了 Vis Moot；另一方面，德国大学参与 Vis Moot 的“专业化”程度在不断增加。参赛初期，仅有个别教席的教师或者教席助手参与备赛，将小部分对此感兴趣的学生聚拢起来。而当下，德国许多州的法学教育规范以及法学系的教学规定均为模拟法庭创造条件，将参与模拟法庭整合进学生的学习计划。例如，将实践课程作为语言资格或是结业资格放入主修项目（Schwerpunktbereiche），或是硕士课程（Masterstudiengaenge）中。此外，模拟法庭的参与者还可以从司法考试局获得延长自由考试的机会。海德堡大学也非常重视模拟法庭，比如进入海德堡大学法学院的首页，与学习、师资等并列在一起的一个模块是“模拟法庭”，点开可见历次参加比赛的学生照片、学生及指导教师姓名，从而使参与的师生均能感受到自己受到了重视。

其七，教学设施完备齐全。以教学和研究中必需的图书馆为例，海德堡大学有大学图书馆和专业研究所图书馆，其大学图书馆馆藏丰富、馆际合作便利、借阅不限册数且电子化程度高，也对普通市民开放；其专业研究所图书馆则包括国际私法所、法史所和马克斯—普朗克比较公法与国际法研究所等的图书馆。法律系也有自己的图书馆。可以说，对于来学习的人，从来缺的都不是学习的资料，而是时间。

最后，还值得一提的是，海德堡大学的风景和文化氛围令人心驰神往。我在前面已经讲到，海德堡是一座非常古老的城市，大学有超过六百年历史,但因为大学的存在及每年入学的年轻人,这座城市在精神上永远年轻,永远美丽。海德堡大学也多次出现在电影和文字作品中,如电影《解剖》《朗读者》,书籍《海德堡岁月》等。

海德堡大学著名的“学生监狱”也别具特色。海德堡大学的“学生监狱”始建于1712年,直到1914年时才因第一次世界大战而关闭。当时由于入学的孩子年龄偏小,正是喜欢调皮捣蛋的年纪,所以经常会在夜深人静时酗酒闹事,在巷子里追赶邻家的猪,打碎路灯。根据法律,警察并不能关押他们,于是迫于外界压力,学校设立了“监狱”,专门用来管理那些滋事学生,以正校风。学生依“罪行”轻重被关2~4周的时间。入监后的前两天是要挨饿的,只有少量的水和面包,这也是学校惩罚措施的一部分。之后可以自己从外面带食物,或者由家人、朋友送来。学生在入监期间白天可以去听课,下课后要待在“监狱”里。学生们经常聚在牢房里谈天说地,做做小诗,相处甚好,甚至彼此还结下了深厚的友谊。许多学生还想方设法故意违反校规,争取到这里来“关押”。“入狱”在当年是相当流行的,如果到海德堡大学读书不进“监狱”里待几天,就好像白上了大学。据说马克·吐温曾买通警方得以入住一晚。他在1880年出版的著名游记《国外漫游》的附录中,曾经详细介绍过海德堡大学的“学生监狱”。

接下来,我想谈一下如何看待在德国的学习和就业。

很多人认为,中国人一定要利用中文优势和中国背景去从事中德贸易往来的事务,这方面最典型的业务,大概就是中国企业到德国投资了。这是一个很自然的想法,但我觉得这是一个误区,至少以这种想法去束缚自己的选择是没有必要的。就法律专业而言,其最大的优势之一,就是应用领域广泛,视野开阔且伸缩自如,因而对于法学院学生的就业选择问题,其完全可以在专业学习的期间或者之后根据个人兴趣予以决定。

我曾经在斯图加特的一家德国律师事务所工作。这并不是因为我的中国背景,而是因为我的国际仲裁的博士背景。由此我从学生签证转为了工作签证,真正在德国律所上起班来。我有幸在学习尚未结束之时就真正开始接触国际仲裁的实务,这为我后来继续从事这方面的工作打下了一个很好的基础。

瑞士法学教育之经历与感悟

如果说硕士阶段的学习是先选大学后选导师，在博士阶段则是先选导师再选大学。在博士阶段主要就是跟随导师开展研究，所以选择一位厉害的导师，同时选择一所有声誉的研究型大学，对进行博士研究就更为重要。

选择瑞士伯尔尼大学的 Gerhard Walter 教授是因为他是德国和瑞士著名的国际仲裁学者，仲裁法评注的作者。我是先学习了 Walter 教授所著的仲裁法评注，才产生了拜他为师的想法，又鼓起勇气给这样一位大专家写了第一封邮件。

伯尔尼大学（Universität Bern）创立于 1834 年，坐落于瑞士首都伯尔尼，是一所州立大学。伯尔尼大学设立的最初目的是为瑞士政府培养社会精英人才，但其目前已成为世界上著名的综合性研究型大学。伯尔尼一直是瑞士的政治和文化中心，阿勒河把伯尔尼分为西岸的老城和东岸的新城。伯尔尼素有熊城、泉城和手表王国的美称。我一直记得 Walter 教授与我第一次见面时讲过的一句话："瑞士不是只有巧克力和钟表，还有国际私法和国际仲裁。"这也是我后来在课堂上常跟学生讲的。

关于博士候选人的资格，当年伯尔尼大学有一个奇特的要求，即有资格攻读硕士毕业院校的博士学位的人才有资格攻读伯尔尼大学的博士学位，所以我的瑞士入学申请是经过我的海德堡大学的硕士导师 Pfeiffer 教授批准的。

我的博士研究论文是《论外国仲裁裁决在中国的承认与执行》。当年，国际上对中国如何执行仲裁裁决所知甚少，国内有关的论著也比较匮乏。所以在今天看来，这个研究的意义就在于，为德国实务界提供了处理国际仲裁执行案件的重要参考资料。在论文出版后，我所认识的律师事务所都希望能够购买该书。

最后，导师的言传身教对我的工作风格和学术发展都产生了重要影响。一方面，在工作风格上，Walter 教授严格、高效、公平，比如他会逐字批改我的论文，指出语言和注释的不规范之处；每天会用精力最为充足的上午高效工作四个小时;会综合考虑学生情况以反馈较为公平的结果。另一方面,在学术研究上,Walter 教授对我的博士论文选题和研究领域都产生重要的指引作用。这些在我后来讲课和带研究生时都影响着我。

一些问题与讨论

我的经历使我对德国和瑞士大学的教与学都有了不少感受,从以下几个问题展开:

第一,德国大学和瑞士大学究竟有什么区别?这个问题其实很难回答。在我看来,在不同国家和不同风格,但却一样优秀的大学之间是无法进行比较的。而我在两所大学进行的学习阶段又不同,所以就更无法做出对比。

第二,在德国和瑞士,是否存在双导师制度,其中主导师和副导师之间是什么关系,尤其是在指导学生进行交叉领域研究时各自发挥什么作用?各国博士指导制度可能会存在很大差异,就我的博士学习而言,我的法学博士毕业论文由两个导师指导(第二导师是苏黎世大学法学院的院长 Ulrich Haas 教授),以挂名指导的导师为主。

第三,由于德国法学院教师同时教授国际私法、民法,或是婚姻法、物权法、债法、国际民事诉讼等课程,那么学科分类是如何划分呢?

海德堡大学法学院下面会设若干个研究所(Institute),比如外国及国际私法和国际经济法所、法史所、刑法所等,类似我们法学院下面的专业方向。每个所下面会有几位教授任教。

至于选课的问题,首先,德国海德堡大学不区分面向本科生和硕士生的课程,仅有一类课程可供选择,学生根据自己的教学计划完成学业。其次,在海德堡大学硕士阶段的培养计划是依据规定中的模块进行的,需要完成公法、私法及其他任选课程里面的相应学分要求。我主要选择的是国际私法、国际公法等国际法方面的课程和研讨课。

结语

从我在 2009 年结束了我的留学生活回到国内高校工作算起,到今天已经十多年了。时间过得太快,慢慢地,我回来的时间逐渐超过了在外留学的时间。但也是在后续的这种距离感中,我逐渐体会了德国和瑞士的留学经历给我带来的持续性影响:一是德国、瑞士的生活成为我灵感的来源,为我的工作学习和思考提供了素材;二是其为我的学术道路打下了基础;三是留学经历能够帮助我反思高等教育的目标以及在教育中始终要以人为本的原则。这些影响可算作对我开始提到的第二个和第三个问题的部分回应。

如今,德国的大学教育也在面临改革,比如其法律系新设初级教授职位等,又如德国大学也受到美国教育体制的影响,有些专业比如经济学也在向美国靠拢,开始设立美国式的 PhD 项目,而不是传统的德式硕士和博士项目。过去的十年间,我在不断观察、对比德国与中国法学教育的不同,思考高等教育的目的和方向,这种思考将在未名湖畔延续。

对德国博士论文写作的观察

曹志勋

关于作者

曹志勋

北京大学法学院长聘副教授，博士生导师。北京大学法学学士、法学硕士、法学博士，德国雷根斯堡大学法学院法学博士候选人。主要教学研究领域为民事诉讼法学、证据法、强制执行法学、纠纷解决、民法与民诉法交叉研究、比较法学和司法制度。出版《民事一审裁判技术研究：以事实认定技术为中心》专著，曾于境内外学术刊物发表学术论文和译作80余篇，主持国家社科基金、博士后科学基金、北京大学教学改革等若干项目，获得教育部第八届高等学校科学研究优秀成果奖（人文社会科学）等奖励。

2019年5月10日中午,北京大学法学院青年教学沙龙系列第四期“对德国博士论文写作的观察”在陈明楼102会议室举行。本文在2022年提交正式出版前作了较大程度的修改与增补,也增加了作者近两年来的一些后续思考。2024年春季再次修改时,作者并未调整本文的实质观点。

引言

本文我主要从三个方面展开:一是自己在德国撰写博士论文的经历与感受,二是我对中国留德法学博士相关状况的整体观察,三是我对在德国的中国法学博士面临的五重关系的认识。在此基础上,本文更多是个人化的体验与感悟,也许有可能呼应其他学者对德国法学博士教育模式的讨论。本文就个人的经验或者说教训做一些分享。我所做的选择,可能也是每位中国留学青年学者都已经或者将要做出的选择,“中国”“留学”“青年”“学者”,都可以是学术人生的关键词或者岔路口。

在德国写作法学博士论文的个人体会

在德国写作中国法学博士论文的感受

在本人得到国家留学基金管理委员会资助的同时,北京大学为我们这些打算在外国攻读博士学位的同学在制度上提供了一些便利,允许我们在德国学习的同时,继续已经开始的北大博士培养的过程并且按部就班地完成博士论文的写作、答辩与毕业。而在国内博士一年级时完成了必要的课程学分后,在德国的专心学习与研究使我国内博士论文的写作得到了比较充分的时间与资料保证。尤其是可以在持续与反复的思辨中探求与我国问题对应的德国方案,进而通过当时已经相对成熟丰富的网络信息,完成以中国法为中心的实证法考察。为此,在博士一年级的下半学期,我的导师傅郁林老师安排我到我国中部某省会城市的各级法院蹲点调研观察,为的是在被"洋墨水"浸润之前,先找到应由中国问题圈定的"描红"。

在国内博士论文的写作过程中,我对照德国相关问题的处理方案,进一步注意到也许应当以裁判技术为学位论文研究的核心命题。简单说,裁判技术是司法运作的核心技术,展示出法官审理案件的过程和结果,其具体内容体现出司法对当事人诉讼权利的保障程度。在不同法域中,即使没有以裁判技术为名的成熟诉讼理论,也一定在理论和实践层面中存在实质上从属于裁判技术的理念、方法、制度和具体操作。在蹲点调研中,我从不同的信息源、围绕不同的司法工作收集到相似的信息,即在民事裁判技术领域,我国实践中存在较大的问题。具体来说,无论是就事实发现、程序争议、裁判理由、法律依据还是判决文书主文部分的准备和写作,实践中常常存在不同理解,难以达成共识。同时,我国既有的裁判文书形式导致了裁判效力的识别困难,难以体现当事人之间的对抗和对审判权的制约,对法官自由裁量权的规制更是无从谈起。这样基本的问题意识,成为我在德国继续深化中国博士论文的主要动力。

其中,第一审程序是民事诉讼的基础和核心内容,其既是后续程序的前提,又为其他程序提供缺省的默认制度规则。于是,这成为我进一步细化选择的博士论文选题。因为其重要地位,我国当下的相关研究已经较为丰富。我进而意识到,在目前较为流行的法解释学主导下的民事诉讼法学研究路径中,应当进一步关注具体程序和制度安排中体现的基础理论问题,深化理论思考并回应现实中出现的中国问题。比较而言,一些大陆法系国家对上述这些问题已经有了较为成熟的研究成果和实践经验。其中,以德国法为代表的大陆法系以其深厚的理论积淀、细致的研讨风格和成熟的法律体系,成为我讨论中国问题时主要参考的比较法经验来源。在这一思考下,我在中国的博士论文的写作目的在于,初步建构以中国问题为导向、以德国民事诉讼法理为对照的一审裁判技术理论,[1]也就显得顺理成章了。这可能是留学学术生活中第一大收获,但是显然也会占据大量时间,进而影响德国博士论文的写作。"舍得"本身稀松平常,关键可能在于有机会主动地"舍",

〔1〕 参见曹志勋:《民事一审裁判技术研究:以事实认定技术为中心》,法律出版社2022年版,第3页。

才能有所"得"。

□ 在德国写作德国法学博士论文的体会

关于博士论文写作，我在德国的博士论文题目是《竞争法上停止侵害之诉的诉讼标的——基于对德国、美国和欧洲法的比较考察》。博士论文的写作是一个不断学习的过程，比如我在撰写过程中需要学习竞争法、知识产权法等相关内容；导师的指导对于论文写作也至关重要，我的导师Gottwald教授对我的博士论文的章节与全文成稿都进行了细致周密的修改。该论文主要研究的是，当出现竞争法上重复侵权的行为时，需要明确强制执行程序中生效给付判决的禁止范围，原则上只要将来出现的行为与生效判决禁止的行为完全相同——在类型上相同或者在实质上相同，就被生效判决禁止。[1] 如何来理顺整个制度设计，完成德国法与欧洲法和美国法的比较，再如何从比较法中提取可资参考的经验，就是这篇博士论文所努力的内容。

特别是，我认为德国博士论文的写作与归国后中文研究也有相当的关联与区别，这里仅以我最主要从事的研究主题为例。我于2018年申请获批了国家社会科学基金青年项目"我国民事诉讼标的识别的诉讼法进路研究"，其中也涉及这两方面的内容。从我自己的设想来看，德国博士论文讨论的是给付之诉中较为特殊的停止侵害之诉/不作为之诉中的诉讼标的问题，以通过比较法经验分析和改良德国法为目的。基金课题的研究，则是在比较法资料上以德国法、欧洲法和美国法对不同案件的讨论为基础，在研究范围上既超出特定类型的诉讼，又努力将比较法经验回归到我国本土探讨上，最终形成对我国法的剖析和建议。

对比来看，德国论文的选题是一个在德国有较长历史积累但又十分前沿的问题，在我国的语境下甚至可以说有些超前。但是，其中也涉及相关的

---

〔1〕 对于我国类似问题的分析，参见曹志勋：《停止侵害判决及其强制执行 以规制重复侵权的解释论为核心》，载《中外法学》2018年第4期。亦参见曹志勋：《不作为诉讼之诉讼标的》，载姜世明主编：《诉讼标的及重复起诉禁止理论之再省思》，台北，新学林出版股份有限公司2018年版，第277～303页。

基础理论问题,对这些问题的研究可以为我国的程序法研究提供借鉴和参考。这虽然可能并非常常被认为出现在交叉学科中的所谓“卡脖子”问题,但是不可否认,其仍然是各个部门法学内在知识与理论体系中不可或缺的基础研究。每一个被认为具有巨大社会现实意义的具体问题的理性解决,都离不开各学科专业知识发展与完善的支撑。这也是种种中国理论方案能够得到世界上其他面临相似问题的人们认识和理解的前提。

在继续坚持对比较法的准确介绍的基础上,应当把关注和论点落在我国实践,挖掘看似共识、实际上内容并不明确的中国概念的理论内核,尝试在本学科内参与中国特色法学学术与话语体系的构建。这一方面需要挖掘典型外国法经验的一手经验和真实状况,另一方面则需要尝试深耕我国程序法规范的体系化和要件化方案,将诉讼理念探讨落实在制度解释论上。进而,一项较为成熟的、有中国特色的法学研究,应当源自我国实务中的典型做法和通常理解,同时应当更进一步,寻找我国实践与比较经验之间的功能性差异,追问我国对实体权利实现的程序保障是否达到与民事诉讼原理相符的程度。

■ 在德国写作法学博士论文的整体观察

□ 既有研究成果及经验性的补充观察

除此前有一些文章对中国留学生在德国写作法学博士论文的主题做过一些研讨外,[1]近年来最突出的研究是卜元石教授的文章:《中国法科学生留学德国四十年的回顾与展望——基于博士学位论文的考察》[2],该文对于中国留德法学博士的学位论文进行全面分析。结合卜教授的研究和介

〔1〕 比如,参见杨大可:《法学教育的德国经验:发展、革新与启示》,载《中德法学论坛》2020年第2期;张陈果:《德国法学教育的特色与新动向》,载《人民法治》2018年第18期;方流芳、辛崇阳等:《法学博士生培养》,载《社会科学论坛》2017年第5期;王洪亮:《德国法学博士教育及其对我国的启示》,载王瀚主编:《法学教育研究》第20卷,法律出版社2018年版。

〔2〕 参见卜元石:《中国法科学生留学德国四十年的回顾与展望——基于博士学位论文的考察》,载《法学研究》2019年第2期。

绍,我们可以注意到中国法科学生在德国的研究学习有以下特点。从总体来看,近40年来,中国留德法学博士的数量不断增长,已经构成外国留学生在德国攻读法学博士学位的重要群体。究其原因,卜教授认为自20世纪90年代末以来,法学留学日趋普遍,无论是高校间合作项目、德国基金会的资助还是国家留学基金管理委员会的支持,都促进了中国留德法学博士基数的增加。[1] 就我本人而言,国家留学基金管理委员会的资助确实起到了关键作用。对比那些自费在德国攻读各类学位的各学科留学生而言,公派身份带给我个人的更多是经济上的后盾以及不必疲于打工养活自己的幸运,而我相信,这同时也能为一些同学选择留学时说服自己的亲友提供不小的帮助。

同时,通过数据统计,卜教授认为我们也能发现一些较为明显的倾向性。一方面,博士论文选题具有倾向性。中国留德法学博士多倾向于进行中德法律比较,也出现了一些以中国法为主,间或与德国法进行对比的论文。在一定程度上,选题取决于特定时期中德两国彼此之间对相关法律知识的需要,中国留德法学博士的选题也更加倾向于德国法语境的时效性。另一方面,专业方向的选择亦具有倾向性。当然,除这些客观数据体现出来的趋势或者分布外,博士论文选题的重要影响因素当然也包括学生与导师的互动及学生个人的学术追求。从写作难度以及未来是否直接有用的角度看,选择中德比较甚至以中国法制度为主的研究无可厚非,但是也不妨碍一部分留学生选择更具有国际视野或者更聚焦德国学界前沿的主题。不同的导师也有不同的风格,无论是"摊派"还是"自助",都不妨碍博士生在写作过程中身体力行地描绘对于中德法学交流的理解。

卜教授也提示我们注意,授予中国留学生博士学位的德国高校有分布差异。这种差异主要体现在中国留德法学博士更偏爱大城市的大学,更偏向各"马克斯—普朗克研究所"所在地的大学(因为马克斯—普朗克研究所本身没有授予博士学位的资格)。授予中国留学生博士学位最多的8所高校均与国内高校有合作办学项目或其他合作关系。对于中国博士生而言,

[1] 参见卜元石:《中国法科学生留学德国四十年的回顾与展望——基于博士学位论文的考察》,载《法学研究》2019年第2期。

德国大学的排名只有参考作用。[1] 在导师的选择上,一是名师多,二是导师选择比较集中。德国知名导师指导中国学生总数较多的原因可能在于名师的吸引力、选择已经指导过中国学生的导师比较保险以及德国教授招收博士生没有名额限制。但是,此种选择瑕瑜互见,知名学者事务繁忙通常导致师生关系远不如国内密切。[2] 留德中国法学博士完成论文花费的时间较长,中国留德博士生均在30岁左右毕业,德国基金会与中国国家留学基金管理委员会资助攻读博士的时间最长为4年,这基本为留德博士完成毕业论文所需时间。且中国留德博士的论文篇幅一般在200页上下。[3] 就我自己的观察而言,虽然我所在的雷根斯堡大学没有马克斯—普朗克研究所,但是在该校取得民事诉讼法博士学位的学生较多,重要原因之一在于该校在民事诉讼法方向有两位十分活跃的教席教授,也许在其他学科的博士分布上也有类似的情况。此外,在导师的选择上,不容忽视的背景是德国本土学生和外国留学生的博士生在招录上的差异。对于前者有最低分数线和资格的要求,比如王洪亮教授曾明确提及柏林洪堡大学要求博士申请人通过德国第一次国家考试或第二次国家考试,且成绩是很好(vollbefriedigend)或者优秀[4](各学校也都有类似要求);但是对于后者,录用与否的决定权掌握在导师个人手中,因而导师的国际化视野以及对国际影响力的关注均是影响导师对外国博士生的招录和博士候选人选择导师的重要因素。

进而,卜教授关注的是留德中国法学博士对于中德法学交流和发展的推动意义。在推动德国对中国法的研究上,德国学界对于中国留德博士学

---

〔1〕 参见卜元石:《中国法科学生留学德国四十年的回顾与展望——基于博士学位论文的考察》,载《法学研究》2019年第2期。

〔2〕 参见卜元石:《中国法科学生留学德国四十年的回顾与展望——基于博士学位论文的考察》,载《法学研究》2019年第2期。其他与会老师补充道,博士生招录不设限制的重要原因之一是德国法学博士的培养几乎不占用任何教学资源;且由于德国法学博士的核心任务是撰写博士论文,没有额外的研究任务和发表要求,因而不存在研究费用的需求。但是招收学生越多,不在导师教席工作的博士生与导师在专业方面的交流就越发有限。

〔3〕 参见卜元石:《中国法科学生留学德国四十年的回顾与展望——基于博士学位论文的考察》,载《法学研究》2019年第2期。

〔4〕 参见王洪亮:《德国法学博士教育及其对我国的启示》,载王翰主编:《法学教育研究》第20卷,法律出版社2018年版。

位论文的影响力评价包括以下几个因素：一是论文发表的出版社；二是论文是否获取书评，如果一篇博士论文能够获得积极的书评，且能够刊登在知名期刊，那么其论文品质就得到了肯定；三是论文获奖情况。在这几方面均有留德中国法学博士获得了德国学界的认可。[1] 而在对中国法学的影响上，留德学生回国后从事学术和非学术的比例大致各为一半，不同专业中的比例也有差异，比如刑法、法理、公法与民事诉讼法方向的博士从事学术研究的比例较高。[2] 卜教授也反思了留学德国对个人求学以及学术积累的意义，这里就不再赘述了。

□ 留学国别主义与跨法域的比较研究

在对中国法学的影响上，卜元石教授还认为值得思考的是"留学国别主义"的影响，这体现为只推崇自己曾经留学国家的法律制度或理论，而对其他国家的法律制度或理论予以轻视甚至排斥。卜教授特别指出："特别在近几年'留学国别主义'为法学界所批判的大环境下，考虑到德国法学在民、刑两个部门法的影响，留德学者所要承载的质疑可能更多。但'留学国别主义'问题的解决，除通过教义学等研究使法律知识本土化外，恰恰需要充分利用留学机会来解决。在域外法学文献并不稀缺的今天，中国比较法的研究方式也需要调整。对于外国法律制度，不仅需要强调研究的准确性与时效性，还应该注重制度在实践中的运行状态，这在很多时候是无法单凭阅读而了解的，必须通过与该国法律专业人士的沟通才有可能获知。"[3]

在我自己看来，正确的发展方向也许可以理解为是"留学主义"，即受留学经历影响而重视比较法的研究。以中国留德学生为例，不仅应当由于阅读德文方便而重视德国法律体系，而且应当重视不同法系主要代表国家

---

〔1〕 参见卜元石：《中国法科学生留学德国四十年的回顾与展望——基于博士学位论文的考察》，载《法学研究》2019 年第 2 期。

〔2〕 参见卜元石：《中国法科学生留学德国四十年的回顾与展望——基于博士学位论文的考察》，载《法学研究》2019 年第 2 期。

〔3〕 卜元石：《中国法科学生留学德国四十年的回顾与展望——基于博士学位论文的考察》，载《法学研究》2019 年第 2 期。

的资料,在民事诉讼法学领域至少包括德、日、英、美等代表性国家。[1] 但是值得注意的是,留学生归国进行学术研究的过程中,水土不服的原因之一在于将在国外进行的学术训练当作不言自明的标准,从而与国内的学术体系,比如学术期刊的相应要求并不完全契合。面对这一困难,归国学者享有相当多个人调整和适应的空间。有的学者可能"审时度势",选择逐渐放弃对德国资料乃至外国理论的关注,更多地把精力留在与国内大小同行的交流与互动上;也有的学者可能"墨守成规",在自己的学术王国中继续沿着既有的研究基础求索真知,在归国后仍然主要跟进国际同行的研究;更多学者处于两者之间,也不得不选定或者逐渐调整自己在"中"与"外"之间的比例分配,在走出自己的舒适区与不随波逐流之间追求自己的学术之"道"。"文人相轻"最不可取,具体的"道"有千万条;但"道法自然",学者的个人使命感与学术的发展规律仍有一定可供参考的标准与视角。

值得一提的是,长期稳定的留学生活,是我自己要从事的跨法域研究的缘起。在以导师 Gottwald 教授为代表的几代国际学者的努力下,我以浅见认同比较民事诉讼法的核心在于实现功能意义上的比较,而应避免囿于各法域法学概念的"国别主义"和"拿来主义"。无论我们是否强调学科本土性并且将其体现为学术发表中的倾向,法学学者仍应当继续关注域外最新一手经验与基础原理。构建中国特色法学学术与话语体系的过程,本身也就包括了对域内外法学理论与概念的借鉴与扬弃。在此基础上,我们应该在功能主义之下,推进跨法域的比较民事诉讼法学研究。从长期目标来看,我们应当有能力与 Gottwald 教授代表的国际同行一同,探讨某些超越国家立法者的、重点关注"无知之幕"下更好做法的方案,并且充分考虑这种"最佳实践"最终融入不同法律既有传统的现实可能性。所谓法域(jurisdiction),是以相对独立的法治环境为指向,重点关心现实存在的、某种适用(非)成文法的法律方案。从"思想实验"来看,各法域的学者暂且不考虑本

[1] 参加本次沙龙的老师补充道,确有部分学者论文一边倒地选择使用德国材料,且缺乏对为何选择使用德国材料的说明,亦未将德国与其他国家的材料进行对比分析。也有老师补充认为,上述问题的准确表述是"研究国别主义"。比如说行政法领域中,留学英美等国家的学者占据主流,但是行政法的知识体系参考了大陆法系。因此,行政法领域的研究是在大陆法系的知识体系下补充英美法系资料,这是受学术传统影响的结果。

地的政治、经济、社会、文化和法治土壤，而是专心在深度学术互动的共同目标下，针对单一法域内部门法上的技术问题，思索最理想的法律制度可能。其具体表现，与卜元石教授提出的解决方案相同，即“问卷 + 国别报告”[1]。但是需要强调的是，相同的整体方案也可能有不同的完成度，提出解决方案的形式本身是解决问题的良好开端，但如何实现这一方案仍属于需要进一步思考，尤其是长期实践的现实问题。

这样的跨法域研究意味着，我国学者需要形成能与西方学术界对话的学术与话语体系，将我国经验上升为国际学术界能接受的理论表达并具有理论反思精神，同时完成对外文资料的吸收与再生产，最终提出脱胎于我国法治原型的“理想型”。此时，我们可能并不能仅以德日的传统为师（但是不以准确的比较法为参照，则可能局限和损害我们的学术视野与想象力），相反，学术研究仍然应当回到我国真实存在的理论问题。易言之，从上述跨法域研究的角度出发，我们仍然能围绕中国问题意识，改进我们对包括民事诉讼法学在内的法学研究。[2]

■ 留德中国法学博士面临的五重关系

综合上述个人经历和数据观察，也许我们还可以略微思考留德中国法学博士在攻读德国法学博士学位及法学博士论文写作过程中与各方的关系。

□ 博士生与导师的关系

导师对于博士论文写作具有决定性的作用。博士生需要在导师指导下选题、阅读文献和阶段性地汇报研究成果等，在日常不限形式的交流中也能够实现纸面以外的知识与精神传承。同时，从我与导师 Gottwald 教授的交

---

〔1〕 参见卜元石：《中国法科学生留学德国四十年的回顾与展望——基于博士学位论文的考察》，载《法学研究》2019 年第 2 期。

〔2〕 参见曹志勋：《聚焦跨法域的比较民事诉讼法学研究》，载《中国社会科学报》2022 年 2 月 16 日，第 4 版。

往来片面地观察,导师也时常谈及对教师职业的认识(包括他从25岁开始就给500人上大课辅导的经历),甚至也会时常提及上课着装、对留学生在坚持学术要求之外的体谅等;在若干次赴导师家做客或者在餐厅专门吃饭时,也有机会管窥导师的学术生涯与国际科研精神。导师在给我逐句修改博士论文的过程中,对于文字和知识的高要求也让我每每在用汉语、德语和英语撰写文章时,都不时想起他的一丝不苟与严谨态度,这也符合我们通常对德国教授风格的认识。不过,我也突出感受到他对法学研究可理解性的追求,尤其是他对大量德文和英文文章行文简洁风格的强调,这对于一直在摸索学习"好好说话"的我来说,印象更为深刻。

同时,导师对我的指点,不仅在于学术上和从事教师职业上的榜样力量,也在于学术目标的启发上。导师 Gottwald 教授除了是德国民事诉讼法学领域的权威领军学者,其研究领域也覆盖民法学、国际私法、司法制度与比较法学。特别是,如果只能贴一个学术标签,那么与德国经典民事诉讼理论的"卫道人"相比,我想他也许更希望自己被视为比较民事诉讼法学的"引路人"(未经本人认可)。在扩大研究领域方面,导师 Gottwald 教授当然给我很多示范,但我更希望如前所述、结合留德生活关注他在比较民事诉讼法学方面的做法。这一点可能并非是留学德国、而是跟随特定导师学习的"副产品"。

□ 博士生与教席的关系

处于导师与学院之间结合部的是德国的教席制度。德国法学博士生与导师交流不如国内密切,但是教席作为一个整体,在导师之外也发挥着举足轻重的作用。同时教席也对博士论文的写作至关重要,教席成员之间的关系类似于国内高校中青年老师与学生或者师兄弟姐妹之间的关系。有老师提问,德国法学院中的教席职位是指什么?我粗浅的回答是,教席指为教授配置的研究人员,其属于学院雇员;这些为教授配置的人员包括大小助手,主要由部分教授资格论文撰写者、博士生、学生等担任,此外也有专职秘书协助教授处理各种作业、考试、学术行政类的事务。教席和助手均在帮助学生修改论文和答疑解惑方面发挥实质性作用。正如与会其他老师所分享的，教席制是一种编制。教席的设置是按照私法、公法和刑法三个大类予以划分，并根据教授的数量予以配置，配置教席的教授被称为“教席持有人”。比如柏林洪堡大学曾设置 24 位教席，其中私法领域设置 12 位教席，公法领域设置 8 位教席，刑法领域设置 4 位教席，分别配置给 24 位教授。此外，教席项下的各类经费均由学院提供。关于助手，聘任助手所需经费亦由学院提供，从类型上可以划分为全职助手、半职助手、1/3 职位的助手、1/4 职位的助手等数个等级。

这么看，教席制度有点像现代劳动或者雇佣关系的结合，但是，从我自己的理解出发，教席制度恰恰也有很强学徒制的影子，在共事之中完成一代代学人之间的知识与精神传递。教席活动可以超出学术研究的“呆板”与严谨习惯，在外国学生的语言水平能够确保充分交流的前提下，教席活动至少部分地实现对学术生活、人生规划、知识传播、精神交流等多方面非正式的传习。也许我们可以说，在某种意义上，和中国法学博士与导师之间被认为能实现的深度交流相比，德国法学博士与导师之间的深入互动常常需要以教席制为纽带。

□ 博士生与学院的关系

从博士生与学院的关系来看，可能有以下几方面内容值得注意。第一是学院对于博士生招录具有较少的控制权，主要进行程序性限制。博士生活的重心仍然在博士生与导师的关系。第二是不同于德国本土博士生，外国博士生需要语言和心理的帮助，不同学院会提供不同程度和方式的支持。比如，我所在的雷根斯堡大学法学院会设置语言陪同和组织课外活动的专门职位，不仅辅导员本人可以为留学生提供力所能及的指点，而且会积极组织来自不同文化和国家、地区的留学生相互交流。从我自己的感受来看，这个牵头人的工作十分重要，因为留学生的生活容易极端化，比如较为孤僻地独来独往或者固守在原有文化（尤其是相同语言背景）的小圈子里“抱团取暖”，无形中减少了长期留学的潜在收益。牵头人的存在，“专治懒病”，缓解“社交恐惧症”，同时在留学中后期促使留学生仍能主动地锻炼口头表达与提升更广泛的社会关注和思辨能力。第三是学院提供其他物质帮助，比如博士生在图书馆的工作台均由学院经申请特别划拨,这在公共区域的方寸天地对于每天都在图书馆工作、案头总是放着十几本专著/评注的博士生来说,尤为重要。法学院图书馆中每天从早晨开馆到夜里闭馆都有人同馆学习的状态,对于心理孤独与焦虑的留学生而言,也是一种无声的陪伴。也许各自感受的都是焦虑,但是共享的更多是面向未来的信念与正能量。

□ 博士生与学界的关系

博士生与学界的关系可能涉及和德国法学界的关系以及和中国法学界的关系。不可否认的是,中国学者在德国法学界的影响是十分有限的。虽然略微"打击"人,但是多数人都能接受的是,中国学者所做的研究不太会(但不是不会)被德国主流学界"认真对待"。就此而言,优秀的出版社、应邀书评或获奖对于博士论文来说当然是很值得骄傲的客观评价,但是显然也不能过于"当真",这当中都有各方面人情事因素的影响。正如国内"破五唯"之后对如何实现实质评价的争议一样,学术评价确实是很困难的事情。不过对于大多数在德国取得博士学位后回到中国的学者来说,在德国的学术评价通常也并不必要。毕竟一个客观现实是,德国学界在博士论文之上还有教授资格论文这样一个关乎能否进入学术圈的真正"入场券",从对体量与质量的期待来看,对德国学界来说后者才是需要实质评价的对象。如果只在德国完成法学博士论文,除确实受到了严格的学术训练之外,主要的职业发展进路还是在德国以外的国家和地区。

比较而言,中国留德法学博士生主要面临着如何与中国法学界保持联系的问题。浅见认为,在德国撰写博士论文期间,除了尝试在国内的各级平台上发表文章,由于人不在国内,确实难以通过其他方式与中国法学界和学人保持联系。在这个意义上,如何将在德国学到的知识体系融于中国的学术体系之中,是时刻萦绕在每一位留德法学博士生心头的问题。卜元石教授也指出,"归国初期,留学博士或多或少都面临人际网络以及期刊论文发表数量上的劣势,影响到教职的应聘与科研局面的打开。所以重新融入国内的法学群体,以便学识为同行所认可,是留德归国法学博士所必须面对的一个挑战”。[1] 这样看，在留学过程中于国内发表学术论文，无论是引介新知还是推介自己，可能都是多数留德中国法学博士生眼前的现实需求。在这方面，不同学者、不同学科乃至不同时期的经验都大相径庭。我自己常在不同刊物投稿平台长长的退稿与转投记录面前，感恩在德期间接收到的，来自各家刊物与编辑老师的善意、提携和鼓励，[2] 也深知科研之路不好走，不仅必须要有勤奋铺路，而且相当需要耐心、运气与心态方面的正向储备。

□ 博士生与个人的关系

博士论文写作不仅只有学术创作的过程，其也涉及知识的增量、平衡生活等诸多方面，尤其是与个人的心性成长直接相关。将生活重心移回国内之后，我也有机会和更多曾经、正在或者将在德国留学的法学与其他学科同仁直接交流。回顾自己个人化的留德经历，也许很多长期留学的同仁都会认可，在德国(或其他国家)撰写博士论文是一个远离亲人和熟悉的环境、漫长且艰辛的过程，涉及学习与家庭之间的平衡。沮丧与迷茫不时在夜深人静时来袭，我也会追问自己背井离乡的人生意义究竟是什么，心怀未来能否回国找到学术工作的忐忑，甚至常有在异国他乡深夜翻看链家网(彼时还没有安装 APP)上二手房/租房信息时对租不起房的担忧。MSN、QQ、Skype、微信接通了与家人的文字或图像联系，但是远不能就此使远方的人告别乡愁；2.5 欧元一小袋的空心菜、4 欧元几十克的韭菜，更让人想念“舌尖上的中国”。无论是否攻读或者取得了海外博士学位，凡是长期留学者应该都或多或少地尝到个中滋味。一句“感谢家人的支持与陪伴”也许足够，不必再多言，但心中激荡，更有泪洒落。

■ 结语

“中国”“留学”“青年”“学者”，统统都是选择题。到底是研究中国问

---

[1] 卜元石：《中国法科学生留学德国四十年的回顾与展望——基于博士学位论文的考察》，载《法学研究》2019 年第 2 期。

[2] 这当然不能“以结果论英雄”，自然也包括虽然反复退稿但是能够提供意见与指点的刊物和编辑老师，因此在此不一一感谢。

题、中国语境还是更多聚焦在德国、欧洲甚至世界？留学之后是就此留“在异乡为异客”，还是学成归来在祖国（梦想能）大展身手？留学启程时多是青年，完成学业后敢问一句“年几何”？到底是在异域或者祖国成为学者，还是考虑在德国或者国内从事（非）法律实务工作？每一道选择题背后，是每个人真实的世界与人生，是每位立志留学德国的同学的上进心，可能也是中国法治建设的一砖一瓦。对德国博士论文写作的观察，看到的信息也许只是走马观花、挂一漏万，但其中所体察的，则更多是中国留学青年学者面临的挑战与契机。

法学教育在牛津

彭 錞

关于作者

彭 錞

北京大学法学院院长助理、长聘副教授；北京大学法学、经济学双学士，牛津大学法学博士。主要研究领域为宪法、行政法。兼任中国法学会行政法学研究会常务理事、中国法学会宪法学研究会理事、荷兰莱顿大学访问教授、香港城市大学客座教授、《中外法学》责任编辑、《行政法论丛》编辑部主任。出版英文专著*Rural Land Takings Law in Modern China: Origin and Evolution*，在《法学研究》《中国法学》《中外法学》以及*University of Pennsylvania Asian Law Review*等中英文期刊发表数十篇论文。获第九届高等学校科学研究优秀成果奖（人文社会科学）、钱端升法学研究成果奖、应松年行政法学优秀成果奖、方德法治研究奖等。

2019年5月17日中午，北京大学法学院青年教学沙龙系列第五期“法学教育在牛津”在陈明楼102会议室举行。

坦白讲，我并不适合谈论“法学教育在牛津”这个话题，原因有三：一是我离开牛津大学回国已4年，距离硕士入学更是有11年了，“欲辨已忘言”，许多记忆都模糊，完全无法反映牛津大学法学教育的“最新进展”。二是作为受教育者，我的个人之有限性以及个人经历之有限性，都决定了之于牛津大学法学教育而言，我必定是“不识庐山真面目，只缘身在此山中”，无法完全反映牛津大学法学教育的荦荦大端。三是我在牛津大学的博士研究聚焦于一个中国法律问题，[1]也许会被不少人视为未能一窥正宗英美法学堂奥，因而我的介绍不能体现“原汁原味”的牛津大学法学教育。

但我还是不揣简陋打算谈谈“法学教育在牛津”这个话题，除服从学院整体安排外，原因也有三。第一，多年前，我在牛津大学就听过这样一个笑话。问：“如何在牛津大学换一个电灯泡（change a light bulb）？”答：“改变（change）？在牛津大学没有这回事。”习惯了日新月异的我们，往往偏好“最新进展”，但那些经久不变的东西，或许才更有价值。第二，“学生评价老师”这件事当然有其问题，因为受教育者的知识、阅历可能不足以让其有客观、准确评价教育者的能力，但好在受教育者完全有权描述甚至反思自身对所受教育的（尽管可能是浅薄的）感受。只要读者认识到这种描述和反思必然是“弱水三千，只取一瓢”的，就能最大程度地减少误解。事实上，在牛津大学期间，除了做学生，我也当过授课和招生教师，由此多了一重视角。第三，认为在欧美攻读博士就应当研究欧美问题，并在研究欧美问题和研究本国问题之间安排“比较级”、搭建“鄙视链”，往深了讲，恐怕正是一种不自知的“学术殖民主义”情节。西方问题并不天然高于本土问题，研究本土问题的难度亦不天然低于研究西方问题的难度。问题无大小，而研究有高下，

[1] Chun Peng, *Rural Land Takings Law in Modern China: Origin and Evolution*, Cambridge University Press, 2018.

真正值得学习的，是西方学者在研究西方问题（他们自己的本土问题）时所展示出来的研究态度、方法和能力。中国学者（生）以同等甚至更好的态度、方法和能力来研究处理我们的本土问题，价值不会更低。有鉴于此，我倒可以鼓起勇气，大大方方地分享自己关于牛津大学法学教育的观察与思考，供方家指正。

本文从本科教育、研究生教育两方面介绍牛津大学的法学教育，重点放在本科"怎么招"、"怎么教"和"怎么考"。

■ 怎么招？

法学教育是牛津大学教育体制的一部分。要了解牛津大学法律系（Faculty of Law）如何招生，就要从牛津大学的招生体制谈起。

首先，招生规模方面，牛津大学每年大约招收3000余个新生，该录取规模比清华大学、北京大学略低；其中，40%的新生为外国留学生，且很大比例的留学生来自欧盟。但是与清华大学、北京大学（理论上）面向全国几百万考生招生的情况有所不同，每年申请牛津大学的高中生仅2万人左右，实际招生基数较少。因此，相较于耶鲁大学、哈佛大学约4%的录取比例，牛津大学的录取比例较高，这主要是因为申请者本身有一个自我筛选的过程。

其次，申请材料方面，必备材料包括：英国高考（General Certificate of Education Advanced Level Examinations, A – Levels）或国际高考成绩单；达到"A +"水平的高中成绩单；以及简历和个人陈述。值得注意的是，和其他英国大学类似，牛津大学对简历和个人陈述的重视程度远不如美国的大学，而是着重于考察学业成绩。此外，申请法律专业的学生还需参加全国法律入学考试（National Admissions Test for Law, LNAT），该考试旨在评估申请者学习法律的能力。

最后，申请流程方面，牛津大学根据申请材料从两万的申请者中筛选出一万进入面试的候选人，再通过面试方式，以大约30%的比例筛选出最终的录取者。面试过程中，候选人仅针对一个问题与面试官进行30分钟的交流，并且有15分钟的准备时间，其目的在于测试申请者是否具备成为牛津大学学生的特质,对申请者学术潜力和表达能力进行考察。之所以如此看重申请者的学术潜力和表达能力,是因为正如下文即将介绍的,牛津大学(包括法律系)的核心教学方式是小班教学或辅导教学。要最大化地从这种教学方式中获益,学生进行独立思考、提出超越教学大纲范围的新想法以及在书面和口头表达、论证观点的能力不可或缺。

那么,如何在面试中判断某个申请者是否有此能力呢?以法律系的面试为例进行说明。牛津大学法律系有一年曾用的面试题为:"如果法律规定在双黄线上停车将判处死刑,该法律是否是公正的法律?"对此问题,面试官并不要求申请者能够充分地了解相关实定法规则,而是希望申请者能够根据已有信息进行分析,并论证自己的观点。具体立场并不重要,重要的是申请者能够区分"公正"和"有效"的法律,意识到公正的法律可能无效,反之亦然。面试旨在排除两类学生:一类是夸夸其谈而缺乏深思的人,另一类则是(可能)深思但完全不善表达者。这绝不是说"敏于行,讷于言"有问题,而是因为若申请人不善于交流和表达观点,即使其思维再深邃缜密,入学后也难以适应牛津大学的教学方式。

博士最后一年,我亲身参与了一轮本科招生,加入另外两位法律系教授组成所在学院(St. Catherine's College,圣凯瑟琳学院)的面试小组。令我记忆犹新的是,当时有两位申请者,一位是来自私立学校且在面试中侃侃而谈的男生,一位是来自公立高中、简历稍有逊色但面试表现同样出色的女生。在必须二选一时,面试小组的另外两位教授建议录取后者而非前者,因为面试官通过对两位申请者的教育背景和所展现的能力进行综合考量,认为后者具有更大的学术潜力——他们认为:一个教育资源禀赋相对更低的学生达到与另一个教育资源禀赋相对更高学生同等水平,说明前者的个人潜力更大。

■ 怎么教?

□ 学位项目的设置:以法学本科为例

牛津大学法律系设置了两个本科学位项目。第一个学位项目是法学学士项目,是牛津大学常规的 3 年制本科学位,每学年分为 3 个学期,每学期共8周。其教学内容涵盖英格兰和威尔士法律资格证书所需的全部课程。查阅该项目教学大纲,可以发现其属于专业教育而非通识教育,且课程分为三个阶段进行,与国内的教学设置迥然不同。

具体而言,该项目下的法学本科生在3年内共计学习13门法律课程。其中,第一学年学习4门课程并进行第一次公开考试,考试成绩仅有通过与不通过之分,通过者可以继续学习剩余课程,且存在一次补考机会。剩余9门课程全部学习完毕后于第三学年末进行为期两周的第二次公开考试。通过两次公开考试是毕业的基本要求。

第二个学位项目是欧洲法学学士项目,其为4年制,仅有约10%的法学本科生选择该项目。其教学大纲与第一个学位项目一致,除了第三学年需在法国、德国、意大利、西班牙或荷兰的法学院进行学习,并于第四学年返回牛津大学完成学位。

□ 三类教学方式的区分与配合

在牛津大学本科教学之中,每一门课程均具有三个组成部分:一是全专业学生同上的、容量可超百人的“讲座课”(Lecture);二是书院导师组织的、课程容量数人的“研讨课”(Seminar);三是书院导师一对一或一对二的“辅导课”(Tutorial)。“Tutorial”一词通常被翻译为“导师课”,但是在国内语境下,导师一般与论文指导联系在一起,因此该翻译不甚恰当。翻译为“辅导课”甚或“私教课”也许更能捕捉其精髓。

在介绍这三种教学方式之前,有必要简要介绍牛津大学“联邦制”的教学体系,因为这是三种教学方式展开的制度性背景。

在组织上,牛津大学由“条条”和“块块”纵横交错而成。“条条”层面上,牛津大学分为专业性的学部以及院系所。学部包括人文、社科、数理和医学,为“虚”;学部之下设院系所,为“实”,比如社科学部之下设法律系。“块块”层面上,牛津大学是由近40个“学院”(College)组成。注意,此“学院”非彼“学院”,因此牛津大学(也包括剑桥大学)的“College”也常被翻译为“书院”。历史上,牛津直至15、16世纪才出现大学,在此之前已有书院,由神父、教士带领学生居于一所并教授神学。[1] 所以,在牛津这片土地上,先有书院,后有大学,如同美国先有各州,后有合众国。牛津大学此种"书院制"(Collegiate System)正如美国的联邦制。组织运行上,各个书院在财政和管理上均独立于牛津大学,均具有自己的章程、教师选拔委员会和领导遴选委员会,学院领导均由本学院的教师投票决定。因此,书院之于大学,如同各州之于联邦。在此意义上,牛津大学所坚持的"书院制"与北京大学元培学院借鉴并发展的"寄宿书院制"(Residential College)截然不同,后者仅强调学业与生活合一,使得学生能够共同学习、生活和成长,而牛津大学的书院则是高度独立、自治的实体。

在"书院制"之下,牛津大学的每一位教师和学生均平行不悖地归属于一个专业性的院系所和一个书院。比如,我本人就同时是法律系学生和圣凯瑟琳书院(St. Catherine's College)的学生。由此我们方能理解牛津本科教学的三种方式。其中,"讲座课"是由专业院系所开设以传授基础知识为目的的课程,一般为 2 个课时,至多为 3 个课时。"研讨课"则由各个书院的专业教师开设,旨在巩固基础知识。其具体的课程要求是课前布置书单,课堂上进行提问和讨论。但值得注意的是,在一学期某门主题课程推进过程中,"讲座课"和"研讨课"所讲授的专题并不必然一致,比如本周在法律系里"讲座课"讲授的是"宪法惯例",而本周在书院里"研讨课"则讨论"柔性宪法"。由于"讲座课"不强制要求学生去听,也从来不搞签到,所以部分学生会放弃听讲"讲座课",而主要将心力投入"研讨课"和"辅导课"之中。

作为牛津大学最具特色的教学方式,"辅导课"依托于书院制度,旨在提供高度私人化的教学。该课程在20 世纪 70 年代之前为导师"一对一"辅导,20 世纪 70 年代之后逐步转化为"一对二"辅导,现在也少量存在"一对三"辅导的情形。"辅导课"的最大特点是每周针对具体问题提前布置阅读材料,由学生撰写 2000 ~ 2500 词的论文(Essay)在课前提交给导师,并与导师当面交流与讨论。在具体课程要求上,值得关注以下特点:一是论文的形式和内容均有严格要求。形式上,论文必须严格符合学术规范,严禁学术不

[1] 关于谁是最古老的牛津书院学界一直有争议,但大都承认其在公元 12 ~ 13 世纪起源。

端，否则会招致批评甚至处分；内容上，论文必须提出个人观点，而非进行简单的文献综述。二是在“辅导课”上，要么由一个学生宣读自己的论文，其他学生予以评价和反驳，要么学生之间相互评论对方的论文，老师进行引导和诘问。简言之，每门课程每周一次的“辅导课”，就像一场论文答辩和讲评会。3 年下来，一个牛津大学法律系的本科毕业生，实际上参加了几百场答辩。三是严格考勤，比如导师会私下联系学生予以询问不出席原因，无正当理由的会被通报学院甚至开除。

“辅导课”的意义是毋庸置疑的。它能够鞭策学生不断深入地探索和研究学术问题，而且搭建起了一张安全网（Safety Net），使任课教师每一周实时了解每一位学生的学习乃至生活状态。但反过来，对牛津大学的教师而言，“辅导课”意味着繁重的教学任务。如果某书院有 10 位法律系本科生，每位学生每次“辅导课”提交一篇 2000 字的论文，每位导师每周就至少需要阅读并修改 2 万字的论文，修改范围甚至包括语法错误。因此，“辅导课”的高投入和高强度导致该类教学方式仅能全面覆盖本科生，研究生的辅导课则远没有这么频繁（我个人的经历是每门课一年只有数次辅导课教学）。

对于上述课程设置，以下以宪法专业的教学内容为例进行说明。首先，授课老师会于每学期之初列出书单；然后，授课老师每周讲授一个专题。比如针对“宪法的本质和渊源”这一专题，其可细化为诸多子专题，包括“英国宪法”“规范宪法学”等，学生需在一周内完成对上述专题内容的学习。这一周结束后，老师会提出六个问题，需要学生择一回答。所提问题比如“英国宪法在何种程度上是不成文或政治性的？”或“英国宪法要不要成文化？”据此可见，授课老师会设置足够抽象、宽泛的问题以确保每个学生均可在问题的主干上有所思考和研究。虽然学生可以挑选其中一个问题予以回答，但是为了要回答授课老师在“研讨课”上的提问，其仍然需要全面阅读与准备。当然，如果学生对老师所设问题之外的问题更感兴趣，也可自问自答。

■ 怎么考？

在牛津大学本科教育中，最为核心的考试是上文已经提及的两次公开考试。就形式而言，两次公开考试均为3小时的闭卷考试，学生必须像他们的中世纪前辈那样，身着学袍书面手写答题。[1] 就题目设计而言，考试题目和辅导课所设题目基本一致或者仅表述不同，学生从10道题中选择3道题进行作答。就命题方式而言，命题人为某门课程（比如“英国宪法”）的专业教学组，实际上一般为教学组中的某位老师。

命题人在设计考试题目时，一方面必须设计宽泛且抽象的题目，以保证学生至少可选择3个问题进行作答；另一方面，由于教授大课和研讨课的教师并不一致，因此命题人必须确保命题较为公平而不偏袒自己所在书院的学生。由此引发的问题是：除了命题人的自我约束，如何确保命题人的公正性呢？对此，虽然牛津大学不存在制度化约束，但是诸多因素均可防止命题腐败现象，包括要求考试题目设问较为宽泛、教师轮流命题以及在某个书院学生某门课程连续数年的考试分数均比其他书院学生高时，对此予以查验等。

考前，学生均可从网站上获取往年题目以用于备考。由于题目设问较为抽象，获取好的成绩需要学生进行超越教科书和既有文献的研究，因此往年题目的公开并不会导致“泄题”。而在两次公开考试之间，每学期之初均会对上学期课程进行测验，且教师会批改并给予反馈。此类测验旨在督促学生专注于学习并为两次公开考试作准备。同时，“研讨课”和“辅导课”的课程内容堪比模拟考试。因此，基于日常课程的严格要求和两次公开考试的考核，牛津大学的本科教育不要求学生撰写毕业论文。

■ 牛津大学的法学硕士和博士教育

牛津大学的法学研究生项目分为两种类型，一是授课型研究生（Postgraduate Taught），其中包括民法学硕士（Bachelor of Civil Law，以下简称BCL）、法学硕士（Magister Juris，以下简称MJur）、法律与金融硕士（MSc in Law and Finance）等共计7个硕士研究生项目。二是研究型研究生（Post-

---

[1] 这也许恰印证了“牛津无改变”。

graduate Research),其中细分为法学哲学硕士(The Master of Philosophy in Law,以下简称 MPhil)和哲学博士(The Doctor of Philosophy,以下简称 DPhil)。

关于授课型硕士研究生,其中的 BCL 项目面向具有普通法背景的法学本科毕业生;MJur 项目是 BCL 项目的对应项目,旨在为非普通法背景的申请者提供学习普通法的思考方法、实践和学说的机会。MJur 项目的大部分课程内容与 BCL 项目一致,在大多数情况下,两个项目的学生在同一课程中进行学习,从而产生多样化的学生组合。具体而言,在课程选修要求上,两个项目均无必修课程,而是要求学生从 40 门课程之中选修 4 门课程,或经法学院批准而选择撰写一篇 10,000 至 12,500 字的论文来代替 4 门课程中的 1 门课程。教学方式上,同样由“讲座课”“研讨课”“辅导课”共同组成。但是相比于本科教育,硕士研究生每学期仅 3 ~4 次辅导课。

关于研究型硕士研究生,MPhil 项目可细化为三个子项目,其中的“MPhil in Law”项目为期 2 年,需要撰写一篇 3 万字左右的论文,并完成法律研究方法的相应课程。

关于法学博士项目,其细分为“法学博士”(DPhil in Law)项目和“犯罪学博士”(DPhil in Criminology)项目。两个项目均为期 3 年,需要撰写上限为 10 万字的博士论文。牛津大学博士教育具有两点特色:一是申请博士时即需确定博士论文的选题;二是博士学习期间划分为三个阶段,其中要先后经历身份转化(Transfer)、身份确认(Confirmation)和学位论文答辩(Viva)三次评估。以下以我所经历法学博士项目为例进行详述。

首先,所有博士新生在入学后只能注册为“试读生”(Probationer Research Student,以下简称 PRS)。“试读生”应于第一学年第三学期申请转化身份,即由“PRS”转化为“DPhil”的身份。该身份转化需邀请导师之外的两名教师进行评估,不能顺利转化为“DPhil”身份可能导致学生只能转为“法学哲学硕士”(MPhil)的身份,甚至终止其在牛津大学的学习生涯。

在转化为“DPhil”的身份之后,学生需要在第二学年第三学期(总第 6 学期)申请对“DPhil”身份进行确认(Confirmation)。本次确认中,学生需要提交论文的草稿章节和研究主题的概要,并且仍由导师之外的两位教师进行评估。该程序旨在确保学生能够在学位论文的写作上取得令人满意的进展。只有经过身份确认,学生才可以最终提交学位论文并申请学位论文答辩。

最后一次评估即博士论文答辩(Viva),同样由导师之外的两位教师参与答辩,从而确定是否授予学生“DPhil”学位。可见,在“转化—确认—答辩”(Transfer – Confirmation – Viva)的制度设计之下,论文导师和学生始终站在同一战壕,指导学生完成论文并不断接受“外人”检验。

我的导师是著名英国公法学者 Paul Craig 教授。读博四年期间,我们之间始终保持密切的联系与交流,学期中基本每周都会就博士论文的撰写情况进行讨论。关于这个故事,将来另文专述。

以上便是我关于牛津大学法学教育的一些体会和浅见。正如本文开头所说,我在时空上距离亲身经历牛津大学法学教育已经越来越远。为了让读者诸君获得更鲜活的感受,这里附上我当年读硕士期间写作的一篇小文,权为大家提供一点“现场感”吧!

▣ 附录:不可复制的牛津法学本科教育(2009 年 5 月 5 日)

在基本完整经历过一轮牛津大学法学本科教育之后,是时候记上一笔了。

你也许奇怪:我不是在读硕士么?是的,但作为大陆法系背景的硕士(Magister Juris),我们被允许在四门课程中选修一门本科生的课程——相对于来自英美法系国家的硕士同学(Bachelor of Civil Law),这在某种程度上已经是一种“特权”,尽管颇为有限。官方的理由不言自明:让大陆法系的硕士们感受一下英国的法学本科教育,也多少尝尝普通法的“味道”。所以,课程量上确不过浅尝辄止而已——殊不料感受尤深,甚至超过对自己的硕士课程,倒让我想起武侠小说里常有的桥段:好些大侠,都是无心插柳,或误入深谷,或偶遇高人,才习得神功,独步天下。

我当然不属大侠之列,也不全然是无心插柳——选择本科的行政法课程,主要还是出于兴趣和打点基础的考量。早听闻牛津大学的法律本科教学方法独特，但没想到这么独特，独特到完全不同于我此前所接受的任何教育，甚至也超出了我的想象。且让我越俎代庖，谈谈这独特的本科教学体制吧！

一点背景的交代是必要的。和其他许多英国大学一样，牛津大学的一个学年分为三个学期，依据各自包含的宗教节日来命名。在牛津大学，这三个学期分别称为米迦勒学期（Michaelmas Term），希拉里学期（Hilary Term）和圣三一学期（Trinity Term）——名字足够特别，时间安排则更是"古怪"：对于本科生而言，学年从9月底开始，每学期8周，圣诞与春假各放6个星期，第三学期在6月初结束。形象一点说，一个学年就如同一块三明治，三个8周的学期之间夹着两个6周的假期。而在学年之间，则是漫长的近3个月的暑假。听起来很不错：在一年里，正式上课时间总共24个星期（6个月），其他半年都算放假——在国内的大学，且不论颇为普遍的"小学期"，一年标准的两学期至少也是32个星期以上——英国的同学们岂不是"在蜜糖罐子里泡大"？然而这终归是皮相之说，就如同"著作等身"与"学富五车"并不是（至少不总是）同义词——英国人要在3年、共72个星期内完成质量不错（至少不差）的法律本科教学，自有其"秘诀"。

第一个秘诀在于时间。你也许要问：不是总共才72周么？难道是英国人效率尤高？坦白讲，非也——短短72周只是学制，课时和学时才是关键。就给大二学生开设的行政法课程来说，我在希拉里学期之初拿到导师（Tutor）发来的一叠材料，开篇是教学安排：每周三类课——"lecture，class和tutorial"，课时10个钟头。第一种课最为熟悉，也好翻译——"讲座"，课时8个钟头；第二种可译为"小组辅导课"，课时1小时；第三种课最为闻名，是每周1个钟头的"个人辅导课"。总体上看，行政法一课教学在80小时左右。这样算来，就单科而言，课时还要在国内4学分的核心课程之上——学制短的质疑或担忧已然消减大半。更重要的是，在本科生学生手册上，有着如下规定：对于每门标准课程，每个学生每周学时的基本要求为30个小时，包括阅读、思考、写作、上课——除去最后一项的10个钟头，本科生每周每课至少要有20个小时的自习时间。如此看来，学制短并不意味着课时短——3年学制下，每门课时不仅不比国内4年制的短，反而比大部分课程要长。同样的，学制短也不等于学时短——法律系明确要求本科生自修的时间是上课时间的两倍。熟悉或经历过法学教育的人,无论亲身体验如何,在内心或至少口头上都会承认:这样的课时和学时无疑是法学研习最为基本且必然的要求。那么,接下来的问题是:中英虽有不小的时差,但一天都是 24 个钟头,一年也都是 365 天——如何在短学制下保证长课时(学时)?答案很简单——课程数量。一个牛津大学法学本科生在三年间的全部课程任务,就是 12 门课(包括两门选修);其基本模式是每两个学期上 3 门,最后一学期复习。相较国内每学期平均近 10 门课、四年 60 门课(甚至更多)的安排,抛开努力程度不谈,英国人在每门课上所投入的时间和精力自然要多得多。

然而这并非最紧要的差别,教学方式才是核心。牛津是学院制(Collegiate System),大学之下有不同科系(Faculty/Department),也有 30 多个学院(College)。法学本科生一届约 240 人,既同属法律系,又分散在不同的学院。每个老师也是双重身份,不仅在法律系任教,也供职于学院。就本科课程而言,法律系和各学院共同承担教学任务,由某一领域的所有老师组成教学组(Subject Group)进行讲授。上述三种授课形式中,讲座由系里统一指派两到三位老师负责,小组和个人辅导课则由分散在各个学院的老师开设。每一个学生,不但须到系里听讲座,也需要参加学院导师的辅导课。每一位老师,除被安排在系里讲座而须两头兼顾以外,只负责对所在学院的本科生教学。这样的体制,听上去颇为复杂,管理也实在不易,但恰恰构成了一种为牛津大学引以为傲、至今不改的教学方式。横向来看,一个教学组下的老师基于各自的学术风格和方向,对自己学院的学生给予不同侧重甚至不同内容的指导;学生虽然在系里听的是同一个讲座,但由于学院导师不同,所接受的辅导也就不尽相同。纵向来看,一个学生既参加系里 200 听众的讲座,也参加学院十几人的小组辅导课,还要参加一个老师对两三个学生的个人辅导课。这不仅是人数的递减,其内容和参与方式也迥异:200 人的大课在于传授基本知识,学生的主要任务是听讲;小组辅导课是一个学院的同学在一起,学院导师就案例与法理进行细致的发问,考查学生通过自习对材料的掌握程度;个人辅导课则要求参加的两三个学生就当周主题进行写作,在课前将小论文发给老师和同伴,课上互相点评,听老师讲评,也可借此机会向老师发问。就我个人的体验来说,讲座无甚可奇,两类辅导课则着实让我吃了一惊。第一次去参加小组辅导课,亲见台上老师并不点名、连珠发问,台下同学争先恐后、主动作答。这些大二学生在短短一周预习后对课程主题了解之细致与准确、把握之全面和熟练,让我脑海里霎时腾出一幅分明的图景:师父出招,徒弟接招,刀光剑影,目不暇给。与此相比,个人辅导课的节奏则要慢不少,但老师要求我对同伴的文章进行总结与批评,或就自己的文章做出解释或辩护。这样的训练,难道不正给学生们日后从事学术研究或实务工作都打下了坚实的基础?这样的辅导,又岂非世界上大多数地方的硕士或博士才具有甚或梦寐以求的待遇?不过话说回来,这种“福利”的背后,不正潜在压力?

说到这里,你恐怕不会再认为牛津大学的法科生是“在蜜糖罐子里泡大了”——这里平均课时、学时之长,多样态、个性化的教学方式对学生的要求之高,都是我前所未见,甚至未曾预料的。英国人在短学制下保证质量地完成法学本科教育靠的就是这两件法宝。如果非要用一个词作为标签,“精英教育”无疑是恰如其分!这样的教育形态,与生俱来就打下了昂贵的烙印。首先,在本科阶段设置排他性的法律教学,一个显见的代价就是牺牲了其他通识教育科目——这一点国内早有不少争论,然而英国人似乎并不非常在意这一点。其次,学院制固然带来了教学上的灵活性和个人化,但也无可避免地提高了行政成本。这直接体现在录取过程的繁复上:除了法律系,每个学院还有一套自己的录取程序——大概每个牛津大学申请者都有不少对这复杂流程的抱怨。再次,为了保证公平,避免不同学院的教学质量相差过大(尽管多少都存在差别),整体的师资水平和个体的投入,就都不能出现短板。这当然是对教师聘任、考核和筛选机制的极大考验,也对老师个人的热忱与责任感提出了相当高的要求——无论你是初出茅庐,还是名满天下。最后,在这样的体制下,学生无疑要承受相当大的压力,绝无虚度光阴、蒙混过关的机会。这种压力并不来自(或不主要来自)考试:牛津大学法学本科生在3年间只要经历两次考试,都是闭卷。第一次在进入大学两个学期之后,称为“Moderations”,考3门课;第二次就到了大学的末尾,在半个多月的时间内考9门,统称“Final Honour School”。第一次考试算是“牛刀小试”,并不计入最终成绩,但也有筛选的意思——如有不及格,经过一次补考,仍不及格者就须退学。第二次考试才是大学的正式成绩,也是真正的挑战。尽管如此,每年通不过这两种考试的牛津大学本科生却少之又少，都在总人数的1%以下。两个可能的原因是：第一，法律系的招生要求除基本标准之外，还包括国家法律入学考试（National Admissions Test for Law）和面试。前者类似美国的法学院入学考试（Law School Admission Test，LSAT），考察逻辑和写作能力——据朋友讲，殊非易事。后者是由法律系老师主持，考察申请者的分析和表达能力。能够过这两关的，如果不全是具备习法的天赋，至少也有习法的热情。第二，牛津大学法学本科生的努力毋庸置疑，因为平日里高强度的学习任务已经足够让（逼）他们时时保持勤奋。而到了毕业年的考前阶段，他们夜以继日、奋力复习的场景，则更是直接让我忆起高三的时光。

是的，正是在这样一个学制不长却充满压力、基本排他又灵活多样的教育体制下，年轻的牛津大学法律人们享受（忍受）着他们的大学生活。这种体制的昂贵，注定了它的争议性和难以（或是"无可"？）复制性，但与此同时，或许也注定了它的辉煌——从这个殿堂里，仅在法律界，就已经走出了6位英国上议院高等法官、2位美国最高法院大法官、4位澳大利亚联邦最高法院法官和全球120位法学教授。

也许更值得一提的是：1976年，一个23岁的青年以二等成绩从这里毕业，他来自圣约翰学院（St. John's College），在校期间曾担任"丑陋谣言"（Ugly Rumours）乐队的吉他手兼主唱。21年后，他成为这个国家乃至这个世界上一颗耀眼的政治明星。

他叫托尼·布莱尔（Tony Blair）。

提问与讨论

问：牛津大学各个学院之间是否存在实力悬殊的情况？

答：各个学院之间必然存在实力差距，但是该差距依托于牛津大学的现有机制而处于可控范围之内。

首先，虽然各个学院财政独立，但是大学可通过转移支付以支持经费较为紧张的学院。

其次,统一招生会防止实力最强的学院包揽优秀学生。根据牛津大学的招生规定,申请者可以填写两个志愿。在面试环节,申请者先面试第一志愿的学院;如果未被录取,其将有机会面试第二志愿的学院。而且,在各学院组织面试之前,系里已经对学生进行筛选,因而进入面试环节的1万人已经是优中选优的结果,从而保证各个学院的生源质量。再者,学院的教师也均由系里统一招聘,这能有效防止不同学院的教师实力悬殊。

最后,不同学院的教师在待遇上不会天差地别,因为教师工资均由学校统一发放,而学院给本院教师的福利更多体现在办公室配置和食堂用餐等其他方面。

问:牛津大学著名的"万灵学院"情况如何?

答:万灵学院不招收本科生,而只招收牛津大学最优秀的本科毕业生。万灵学院于每年秋季会举行一次长达3小时的考试,其中最出色的2名学生将会成为万灵学院的新成员。考试题目比如"你认为公正是什么?"或"你认为国际政治局势会如何发展?"进入万灵学院之后,新成员可以获得教学和研究机会,任期7年。在最初的2年任期之后,其有权选择是继续进行学术研究还是在其他领域工作。

“非典型”的耶鲁法学院：一个主观、片面的观察

左亦鲁

左亦鲁

北京大学法学院助理教授、院长助理。清华大学法学学士、法学硕士，耶鲁大学法学硕士（LLM）、法学博士（JSD）。主要研究领域为宪法、网络法、港澳基本法和国家安全法。著有《超越“街角发言者”：表达权的边缘与中心》，译有《民主、专业知识与学术自由：现代国家的第一修正案理论》，并在中英文学术期刊发表论文若干。

2019年5月24日中午，北京大学法学院青年教学沙龙系列第六期"宪法决策的过程：耶鲁的'非典型'宪法教学"在陈明楼102会议室举行。

本文中，我想谈自己对耶鲁大学法学院（以下简称耶鲁法学院）教学模式印象比较深刻的三个"点"：第一，耶鲁法学院如何给法学院新生讲授基础课程；第二，耶鲁法学院如何帮助学术人才就业；第三，耶鲁法学院非典型的宪法课。

■ 如何上基础课

不管中国还是美国，不管是法学还是其他学科，基础课的重要性无须赘言。如何设计基础课、如何上好基础课，很大程度上决定了一个学院乃至学科所在的"共同体"是什么样子的。美国法学院的基础课一般是四到五门，包括宪法（Constitutional Law）、合同法（Contract）、侵权法（Torts）、诉讼法（Procedure）和产权（Property）。耶鲁法学院新生的基础课有四门，就是上面所说的宪法、合同法、侵权法和诉讼法，没有产权。四门基础课都在第一年第一学期上完，第一学期只上这四门课，不存在选择其他课程的可能性。

四门基础课的考核方式都是"通过/不通过"（Pass/Fail），而不是"优秀（Honor）—通过（Pass）—不通过（Fail）"的打分制。有些法学院在"通过"和"不通过"间还会设置一档叫"Low Pass"，也就是"低空飞过"。不打分的原因也很简单，就是避免过度"内卷"。在基础课上不打分而只看及格不及格，理论上有助于新生适应法学院的学习生活，以及同学个体的心理健康和相对和谐的同学关系。

耶鲁法学院基础课的一个特色是大小班结合。四门基础课均采用大班（Section）和小班（Small Group）结合的方式进行教学。具体而言，每门基础课课程一般同时开设6～8个班，其中包含2～3个大班，班级容量为40～50人；4～6个小班，班级容量为10人左右。以2022年秋季学期的宪法课程为例,宪法一学期开了 10 个班,其中 2 个大班和 8 个小班。大班、小班分别由不同的老师来讲授。

如前所述,每位法学生在第一学期都要上宪法、侵权法、合同法和诉讼法四门基础课。他会被随机分配到 3 个大班和 1 个小班。比如,一位同学经随机分配后可能在大班上宪法、侵权法和诉讼法三门课程,在小班上合同法课程;另一位同学则可能在大班上侵权法、合同法和诉讼法,宪法课由小班来上。无论如何,每位新生在第一学期只会有一门课在小班,而具体是哪门课在小班以及在哪位老师的小班,这个完全是随机的。

大班教学没什么过多可谈的,比较有特色的是基础课的小班教学。因为小班除了需要承担传授该课程基础知识的任务,还要负责学生法律写作等专业技能的训练。换言之,对同一位同学来说,如果他宪法被分到了小班,那么意味着他在合同法、诉讼法和侵权法三门的大班教学上只需要学知识,而法律写作等技能的训练会由他的小班教授完成。对于两位分别在宪法课程被分到大班和小班的同学来说,他们所学的知识可能相差无几,但在小班的同学会在额外接受法律写作技能的训练。

小班教学是如何做到把知识传授和技能训练糅到一起呢？简单来说,是通过三次作业完成。第一次作业是写一份备忘录(Memo),主要训练的是法律检索和基本的研究能力。这份备忘录要求以"IRAC"的形式完成,所谓 IRAC 就是争议焦点(Issue)—法律规定(Rule)—法律分析(Analysis)—结论(Conclusion)。

第二次作业是训练论证的能力,即写一个"argument"(论证)。第二次作业同样有它的"八股",叫"CRAC":结论(Conclusion)—法律规定(Rule)—法律分析(Analysis)—结论(Conclusion)。不难发现,第二次作业和第一次作业相比,变化是第一部分从"Issue"变为了"Conclusion"。两次训练的主要差别也基于此:第一次作业是在不预设立场的前提下,让同学尽可能开放、穷尽和中立地检索和研究。不管是在实务工作还是学术研究中,刚接触某一领域的问题时,往往更接近这种中立的状态。但随着研究的深入和任务的发展,比如客户要求的出现,这时候结论、方向甚至立场就开始出现,因此第二次作业就是在设定立场或方向的前提下,锻炼同学们进行论证的能力。与实务和研究的初始状态相比，第二次作业明显针对的是实务和研究工作中更靠后、也更关键的部分。

最后，在第三次作业中，授课老师会要求学生练习口头辩论（Oral Argument），旨在训练学生在法庭上以及未来某些公共场合口头表达的能力。本次作业的设计类似于模拟法庭，学生作为原告或被告，以第二次作业为基础形成口头表达，在授课教师和助教面前进行辩论。

对学生而言，小班教学的强度更大；对教师而言，该课程亦需教师付出大量时间与精力。以传授基本知识为主的课程和以训练某项专业技能的课程，我们都不陌生。但在我们一般的课程体系中，这两类课程是分开的。讲知识的课程是基础课，训练技能（比如论文写作）的课程是技能课。耶鲁大学基础课的小班教学比较有意思的是，它把两者糅到了一起。而且小班的授课教师均为教授（而不是专门讲写作或法律检索的老师），也使这种“知识 + 技能”的训练更综合和顺滑。

如何帮助有志于学术的毕业生找到教职

我没有去看过专门的数据，但我认为耶鲁法学院学生毕业后去向应该还是以律所为主。不过耶鲁法学院的确有培养学生特别“学术化”的名声。可能有两方面的原因：一是虽然去律所的毕业生还是占大头，但是耶鲁法学院的确有相当比例的毕业生从事教职，这个比例可能要高出其他法学院不少。二是尽管耶鲁法学院学生规模很小，但在排名前 14 的法学院教授中，耶鲁法学院毕业的非常多。如果说耶鲁法学院在美国有一定的影响力的话，这种影响力不仅涉及政界，还涉及学术界。而在学术界的影响力，除了耶鲁法学院本院教授的影响，更包括耶鲁毕业生在其他学校任教产生的影响。

如何培养学术人才是一个系统工程，我想选择一个非常小、非常技术化的切口来谈——就是耶鲁法学院如何帮助有志于学术的毕业生找工作。

首先是在组织保障上，耶鲁法学院设有专门的法律教职委员会（Law Teaching Placement Committee），旨在提供贯穿整个求职周期的服务。该委员会的组成人员包括教授和行政老师。其他组织包括综合的职业发展办公室(Career Development Office,CDO),同样为学生和校友的求职提供支持。委员会的主席一般由一位相对年轻(45 岁左右)但已经在学界具有相当影响力的教授担任。我记得我读书时,担任委员会主席的是从事法律史教学的约翰·维特(John Witt)教授。

每年招聘期开始后,学院都会给有志于寻求教职的同学确立接下来一年的日程安排,如表 1 所示:

表 1　耶鲁法学院教职求职安排表

时间	安排
5 月初	初步完成求职论文(Job Talk Paper),确定推荐人
5 月底至 6 月初	告诉学院自己今年求职,并提供初步材料(求职论文摘要或初稿)的时间
6 月 29 日	求职者向法律教职委员会提交自己准备模拟面试全部材料(详细履历、所有发表和待发表文章的摘要、求职论文摘要、研究计划)的时间
7 月 5 日	模拟训练营(Moot Camp)模拟面试申请截止日期
7 月 18 日	把自己的简历加入《耶鲁法学院求职者名录》(*YLS Candidate Book*)的截止日期
8 月初	把准备在模拟训练营上讲的求职论文发给推荐人
8 月 8 日	在教职申请系统里注册(Faculty Appointments Register)
8 月 15 日	求职论文提交给模拟训练营的截止日期
8 月 22 日	直接向各法学院求职申请截止日期
8 月 23 日	不陈述自己论文但想参加模拟训练营的申请截止日期
9 月 7 日	模拟训练营开营
9 月至 10 月	法律教职委员会帮助每个求职校友准备面试
10 月 11 日至 13 日	美国法学院联合会(Association of American Law School, AALS)的招聘大会——“鲜肉市场”(Meat Market)
11 月至第二年 4 月	第二轮面试(Call Back Interviews)

当然,每年的具体时间会有变化,但大致是这么一个流程。在北美寻求教职,核心的一份材料是求职论文。求职者凭着这篇去试讲,然后回答求职

单位教授的面试。求职论文在一定程度上也可以算作我们的代表作,只不过它不一定是发表出来的作品。每年5月初的时候,今年准备求职的毕业生,就要在教授中找到一个和自己本人以及研究领域都比较熟悉的老师,作为自己求职和求职论文的推荐人,推荐人类似导师。差不多5月底、6月初的时候,毕业生需要告诉法学院的法律教职委员会自己今年准备求职,以便学院统筹规划,并且这时候你的求职论文最好已经有了初稿或者至少有了摘要。

接下来求职者差不多有一个月的时间准备材料。到6月底时,整个找工作的材料就需要基本就绪,包括详细履历、已发表和待发表文章的摘要、未来研究计划等。为什么这时候就需要提交几乎全套材料?因为接下来学院就要为毕业生准备模拟训练营了。所以大家可以在表1中看到,7月初学院就已经着手筹备本年度的模拟训练营,帮助毕业生模拟找教职的面试。因此7月初就需要同学正式报名,以便学院统计人数、安排相关专业老师模拟提问等。

耶鲁法学院每年会编辑一本《耶鲁法学院求职学生名录》,其中有各位学术求职候选人的简历。该名录会以法学院的名义发送给各大法学院,以推荐一下自己今年的毕业生。这本名录一般7月中的时候会完成编辑,因此也要求同学在此之前做好自己的整套材料,以便加入这本册子。除了这本推荐人自己的手册,耶鲁法学院很多工作做得非常细。比如会给每位同学提供各大法学院招聘和人事委员会主席的资料,以及在各个法学院任教耶鲁大学校友名录。

8月初,同学需要把自己求职论文发给推荐人,以便给推荐人留出时间阅读和提出建议;8月中时,就需要正式把自己的求职论文提交给模拟训练营了。此外,模拟训练营还专门给大家提供了“围观”的机会。对于不准备今年求职或者不准备在北美求职的同学,如果他想围观,同样需要向模拟训练营提交申请。围观也必须提前读完论文,当场要提出非常实质和建设性的批评。

其实整个暑假都是在为模拟训练营以及接下来真正的求职做准备。秋季学期开学后,一般各法学院的招聘会正式启动。耶鲁大学的模拟训练营也会在开学后开始。当然,对同学求职和求职面试的帮助并不是只靠一次模拟训练营——尽管模拟训练营的规模和气氛很可能是最接近实战的。在模拟训练营之后,老师和学院会持续地帮大家打磨求职论文和准备求职面试。

10 月中,美国法学院联合会会为法学院和求职者集中办一次三天左右的求职大会。大家一般称之为“鲜肉市场”。不管求职者是通过各个法学院单独的招聘还是上“鲜肉市场”,如果通过了第一轮,那么在本年度 11 月到第二年 4 月,就要准备真正实质的第二轮面试了。

帮助大家找教职的工作不仅是个系统工程,也是个持续性的工作。对于已经毕业和找到教职的校友来说,其仍然会时不时收到邮件提醒:全球范围内(当然,主要是英文学界)哪家法学院有一个大概什么方向的教职开放招聘,大概什么任职要求等。

总结起来,我认为耶鲁法学院对毕业生寻求教职的支持有以下特点:一是从宏观到微观,各类服务一应俱全。宏观上,在校学习期间,耶鲁法学院始终在帮助学生明晰学术方向和检验学术能力;微观上,求职服务细致周全,下面我会详细介绍;二是“手把手,人盯人”,即每位求职学生均有一至两位老师在背后提供针对性的帮助;三是进行全面的信息整理和汇总,其对招聘信息的汇总不限于欧美地区,甚至涵盖了亚洲(包括国内)法学院的招聘信息;四是提供求职服务的周期从入学之初持续到毕业后,毕业的校友依然可以收到法律教职委员会告知求职机会的邮件。

上述就是对整个流程的一个大致介绍。以下列举一些我印象深刻的、由当时学院和教授指导大家时的一些很小或很技术化的细节。

其一,论文致谢应该感谢谁?美国法学期刊的致谢一般是放在第一页下面第一个脚注之前,一般类似“本文的写作得益于与 AAA、BBB、CCC 教授的讨论……当然文责自负”。我记得参加一场模拟求职面试时,一位教授就拿着同学的求职论文说,你怎么没写致谢呢?这位教授当然不是指责这位同学“忘恩负义”,忘记感谢他本人或者某些同事,而是提醒大家,美国法学期刊虽然都是匿名评审,但其实隐去姓名之后仍然有很多地方可以暴露作者的身份或一些信息——致谢就是其中很关键的一条信息。道理很简单,如果你感谢的学者中相当一部分来自同一所法学院,那么编辑很容易觉得你也是来自这所法学院。所以,不妨通过致谢让编辑知道你来自一所不错的法学院,也许无形中会有利于编辑对你文章的印象。

其二,"一句话、一段话和一页纸"。其实不仅是准备求职面试过程中,在平时的课堂和写作中,大家都会被反复训练"用一句话把你文章的核心观点讲清楚""用一段话把你文章的核心观点讲清楚"以及"用一页纸把你文章的核心观点讲清楚"。我自己做学生时,就深受这种形式"折磨",后来发现它虽然痛苦但好像的确有点用。所以现在我也经常这么要求我的学生。在一句话、一段话和一页纸中,最难的当然是一句话。这种训练一方面可以帮助我们浓缩和提炼自己的想法,当你发现自己用一句话或一段话说不清楚自己的论文时,绝大多数时间是自己没想清楚(而不是说不清);另一方面,不管是被审稿还是被面试,审稿人和面试官主观和客观上的耐心和时间可能都不足,用一句话或一段话把自己的观点说清楚就显得尤为重要。说清楚是第一层的要求,第二层要求就是精彩、有趣和吸引人。法律教职委员会的老师会不厌其烦地帮助大家反复打磨一页纸、一段话和一句话。

其三,"永远别把给你的时间用完"。每所法学院设计的面试时间可能不同,短的话可能 20 分钟,长的话 1 小时。无论时间长短,永远不要把给你的时间用完。大家被反复告诫,如果求职者有 20 分钟时间,那么应将陈述控制在 15 分钟左右;如果是 1 小时,那么陈述控制在 50 分钟以内。这么做至少有两方面原因:一方面是平时 50 分钟可以讲完的内容,实战时很可能因为紧张等因素超时,所以干脆提前留出余量。另一方面是面试时在座的都是更有经验的学者,翻翻求职者的论文,再听求职者讲个几分钟,基本就知道求职者想说什么了,接下来他们关心的就是求职者会怎么回答他们的问题和质疑,而不太有耐心听求职者把论文全部讲完。

其四,求职面试要不要先简单介绍自己论文?这是很多同学在求职时感到困惑的技术问题,在求职面试前求职法学院的教授们肯定已经收到了论文,在试讲的时候,是直接讲一些论文里没有写或者有待讨论的内容,还是需要再简单介绍一下自己论文的主要内容?有时候求职者不介绍论文,万一有的教授没有读其论文,会摸不着头脑;但如果大家都读了论文,求职者上来又重复一遍，又会浪费大家的时间。我记得当时听有同学问这个问题时，就觉得非常有意思，倒不是说这个问题有多么新颖，而是因为它是我们每个人都会甚至都曾遇到的问题。我觉得这个问题之所以有意思，是它不太好回答，因为里面不可控、不掌握的变量太多，很难给出一个具体确定的答案。所以很好奇当时过来辅导我们的两位教授会如何回答。最后两位教授给出的回答很有意思也很实在：根据他们的经验和了解，只有两三所法学院（包括耶鲁法学院自己）的教授会提前认真读完求职者的论文，所以如果求职者是去这几家求职面试，可以不用再重复自己的论文。除这几家之外，求职者还是老老实实先把自己论文介绍一遍更为妥当。

其五，"准备好两个问题"。什么叫准备好两个问题呢？是指一般在"鲜肉市场"或者第二轮面试结束后，教授有时候会问求职者：你有什么问题想问我们吗？当然，有时候这种问题只是客套和形式。但是在模拟求职时，同学们都会被要求认真准备两个好的问题去问求职法学院，因为好的问题可能会影响法学院对你的印象分。不过提问题也有风险，不问问题不加分但也不会减分，但如果问了两个很愚蠢的问题，也会让前面或许表现还不错的面试前功尽弃。怎么才能提好问题？什么又是好的问题呢？教授们一般会建议，唯一的办法就是做好功课，提前研究自己想去法学院的一切，比如里面有某个研究中心与求职者的研究相关，可以围绕这一点设计和展开。应聘单位的教授听到这样的问题，一是会觉得求职者的提问很有针对性，二是会觉得求职者做足了功课，显得很有诚意。

其六，遇到敌意甚至挑衅问题怎么办？大家平时在自己的学校，气氛总体是友善的，但外面却不一定如此。因此在面试时，要做好遇到敌意甚至挑衅问题的准备。这种敌意可能来自不同的政治或学术立场、个人恩怨或者就是单纯看你不顺眼。面试时遇到敌意问题怎么办？首先是不要"怂"，要尽量有礼有节、不卑不亢地回答。其次，也别对自己期待太高，觉得自己好像可以靠一个精彩的回答赢得满堂彩。出现这种"好莱坞电影"式反转的可能性很低，对方既然对求职者有敌意，提出的问题一般都是求职者很难甚至无法回答的。所以，也别担心自己好像没有回答好这个问题而搞砸了整个面试。最后，回答完问题之后，建议看着提问题的教授说一句类似"某某教授,不知道我是不是回答了您的问题"或"希望我回答了您的问题"之类的话。一些时候,这位教授或许就不会再追问了;如果他继续追问的话,反而会进一步暴露出他的敌意。哪怕追问让求职者更加狼狈,但如果参加面试的其他教授是相对中立和公平的,他们会清楚地看到只是这一位老师对求职者有敌意,反而可能增加对求职者的同情或好感。

■ 非典型宪法教学

最后,我想结合自己的专业,简单谈谈耶鲁法学院如何上宪法课。第一部分就介绍过,宪法在耶鲁大学是四门基础课之一,所以小班教学当然也是宪法课的特色之一。但这部分我想谈谈耶鲁大学宪法课的另一个特点。这个特点就是虽然宪法课面临的是没有法律基础、而且将来多数不会从事学术研究的新生,但却上得比较"学术化"。上课时我就觉得很有意思,他们为什么要这么做?他们是怎么做到的?后来我觉得,宪法课所选用的教材(Casebook)在其中可能扮演了比较重要的角色。

朗代尔在哈佛大学确立了美国现代法学院的教学模式,其中一个关键就是以案例为中心。而以案例为中心,就使 Casebook 在美国法学院教学中扮演了非常重要的角色。每位教授、每所法学院可能都有自己偏爱的某本教材。红色的 Aspen 系列和深蓝色的 Foundation 系列可能是最常见的两类。每本教材当然都会体现编写者的考虑,但在比较宏观的意义上,多数教材在一定程度上都"大同小异",因为基本上经典案例就那些,怎么选和编都很难跳出这个范围。

但耶鲁法学院绝大多数宪法课选择的 Casebook 却是极少数和其他教材很不一样的。这种不同首先体现在名字上,耶鲁大学选择的这本教材并不像绝大多数教材一样,就叫《宪法:案例与材料》(*Constitutional Law: Cases and Materials*),而是一个很拗口的名字——《宪法决策的过程:案例与材料》(*Processes of Constitutional Decision - making: Cases and Materials*)。这本教材编写者有五位,分别是:Paul Brest, Sanford Levinson, Jack Balkin, Akhil Amar 和 Reva Siegel。五位编者中,有三个"半"和耶鲁大学关系密切。其中最年长的 Paul Brest 来自斯坦福大学,Balkin、Amar 和 Siegel 都是耶鲁法学院教授,Levinson 经常来耶鲁大学访问,所以我把他算“半个”。

这本教材以及围绕它的教学法最大的不同其实就在书名里——宪法决策的过程。这也是耶鲁法学院宪法课最大的特点:它主要是讲宪法决策的过程,而不只是宪法。

那么,什么是宪法决策的过程?或者说,讲宪法决策的过程和讲宪法会有什么区别?简单来说,我觉得有以下几点区别。

第一,时间的区别。传统宪法教学关注判例,如果把判决视作一个节点的话,传统宪法学关注的是这个点本身以及这个节点之后的其他点和线(后续判例发展)。但“宪法决策的过程”中的一个关键词是“过程”。换言之,这本教材以及围绕它产生的教学法关注的是判决出台前后左右的全过程——也就是从聚焦一个点发散到这个点周围的整个历史语境(Context)。

第二,主体的区别。传统宪法教学以判例为核心,因此当然是法院(尤其是最高法院)中心主义的。所谓宪法,主要就是由宪法文本和法院对宪法的解释构成的。而耶鲁法学院所使用的这本教材为什么要用“宪法决策”这样一个拗口的提法?背后当然有这本教材最早的编写者 Paul Brest 是法律过程学派代表人物的因素。但更重要的是,使用“宪法决策”这个概念,要强调的是能够做出宪法决策的主体有很多,法院只是其中一个而已。在法院之外,总统、国会、公众都是宪法决策者。因此,宪法课上除了学习法院的判决,还要把视野扩展到总统、国会、社会运动等其他主体身上。

第三,材料的区别。与前两点相关,耶鲁法学院宪法课上接触的材料与传统教材上的材料颇为不同。美国法学院教材一般叫“案例与材料”(Cases and Materials)。如前面所说的,经典案例就是那些,再变也变不到哪里去(但耶鲁法学院的确有一些教授把经典案例也改变了,后面将会提到),真正的区别其实是案例后面的那些“材料”。一般宪法教材案例后面的“材料”主要由两类素材构成:(1)相关学术论文节选;(2)相关判例节选。这些材料《宪法决策的过程:案例与材料》当然也都有,但除此之外,还有大量反映总统、国会、社会运动这些宪法决策者如何决策的一手材料,以及反映每个重大宪法决策历史语境的背景材料,比如历史档案、书信等。换言之,除传统以判决为中心的法律材料外，宪法课上大家还会接触很多非法律材料。这对拓宽同学的视野，释放大家的想象力是有一定好处的。这本教材的两位编者——Jack Balkin 和 Sanford Levinson 曾经在一本名为《法律经典》（*Legal Canon*）的书中，试图总结美国法学各个学科的“经典”（Canon）。注重对宪法决策过程的讲授其实就是一个重新塑造宪法教学的“经典”的过程。

刚才提到绝大多数教学改革不会触碰经典案例，但耶鲁法学院的确也有一些离经叛道的教授选择拿经典案例“开刀”。其中最极端的就是 Sanford Levinson。他在上宪法课时，就拒绝讲可被称为美国宪法第一经典判例的马伯里诉麦迪逊案。他还专门写过一篇论文，讲自己为什么不讲马伯里案，并建议所有人都和他一样不讲。他提出的不讲马伯里案的理由包括：（1）学生对马伯里案的历史背景缺乏了解；（2）该案重要性被夸大；（3）该案的法律推理存在明显问题；（4）该案宣扬司法至上（Judicial Supremacy）而非宪法至上（Constitutional Supremacy）。他除了不讲马伯里诉麦迪逊案，还花了几乎半个学期的时间只讲另一个案子——马卡洛克诉马里兰州（McCulloch v. Maryland）。当时宪法课的前半学期，他带着我们几乎是一字一句地解读该案的微言大义。毫无疑问，Levinson 的做法会引发很多争议。一方面，这种颠覆传统的教学方式或许有助于培养学生的批判和理论思维，从而有利于学术人才的产生；另一方面，该教学方式的确个性化过强，对于基础课教学是否合适是值得商榷的。这种离经叛道的教学似乎成了耶鲁法学院的一个特点。类似地，Owen Fiss 教授在讲授诉讼法时，每年都要花费 2/3 的学期讲授戈德博格诉凯利（Goldberg v. Kelly）一个案子，这也已经成为大家“吐槽”耶鲁法学院和 Fiss 教授自嘲的经典段子。

以上就是我个人主观和片面的一些观察与回忆。当然，并不说我们要移植耶鲁法学院这套做法。但从生源质量、学院规模、师生比等数据来看，北大法学院和耶鲁法学院的确有一些相似之处，某些做法及其得失或许可以作为参考。

提问与讨论

问:小班课程是否覆盖了耶鲁法学院的所有学生?

答:小班课程仅面向 JD(Juris Doctor,法律博士)学生,LLM(Master of Law,法律硕士)学生和 SJD(Doctor of Juris Science,法律科学博士)学生只能选择大班课程。

问:耶鲁法学院为何如此重视学术人才的就业问题?

答:耶鲁法学院极为重视两类人才的培养:一是政治家,二是学术人才。前者能够在很短时间内迅速提升法学院的影响力;而后者能够为法学院带来持续性、深远的影响力。从学术人才输出的比例来看,耶鲁法学院的确独占鳌头。

问:《美国新闻与世界报道》对于美国大学的排名带来什么样的影响?

答:我主观上对排名的感受并不明显,但客观上,排名对学生的择校和就业应当具有较大影响。根据《美国新闻与世界报道》数年来发布的排名榜单,前 3 名、前 7 名和前 14 名的学校均是相对稳定的。如果有学校能够实现“跨越式发展”,比如从“第 8 ~ 14 名”的区间跃升至前 7,或从前 14 名之外进入前 14 名,那么会对该学校带来较大影响。

其他老师补充:美国圣路易斯华盛顿大学法学院布赖恩·Z. 塔玛纳哈教授撰写了《走下神坛:美国法学院现状观察》一书,其中详细分析了上述排名机制的影响。

问:耶鲁大学在协助学生进行学术求职方面不遗余力,那么这种现象在美国大学中是否普遍存在?

答:耶鲁大学对于学术求职的重视是比较独特的,可能的原因在于耶鲁大学规模较小,以及与大学的文化和传统有关。

其他老师补充:我国各高校的就业指导办公室主要协助学生寻求实务界的工作机会,针对学术求职的帮助较少。就北京大学而言,其向全国输出学术人才的数量和比例均非常可观，但是毕业生在学术求职中所获取的帮助主要来源于导师等个人化的努力，而非制度性的机制。此外，学术求职服务的制度化构建很大程度上要靠教授的参与和投入。

宏观与微观视角下的日本法学教育

张梓弦

关于作者

张梓弦

北京大学法学院助理教授；日本东京大学法学硕士、法学博士。曾于2017年至2020年分别担任日本东京大学法学政治学研究课教学助理及研究助理，并于2017年4月成为日本刑法学会会员。2020年7月至2022年6月任北京大学法学院博士后研究人员。研究领域为刑法学。硕士及博士在读期间，获日本东京大学外国人研究生特别奖学金、日本冈野敬次郎博士纪念奖、日本东京大学研究助理奖学金、日本东京大学教学助理奖学金以及日本东京大学博士论文“特别优秀奖”。

2023 年 4 月 20 日中午,北京大学法学院教学沙龙 2023 年第一期"宏观与微观视角下的日本法学教育"在凯原楼 B102 举行。

我于 2013 年本科毕业后,就直接前往了日本东京大学留学;此番留学生涯,一直持续到了 2020 年的 3 月。这将近 7 年的留学时间,可以划分成三个阶段:外国人研究生阶段、修士阶段和博士阶段。这三个阶段也分别构成了我在日本留学这些年的前期阶段、中期阶段和后期阶段。对这三个阶段的具体称谓,大家可能会存在一些疑问。比如"修士"这个词,显然就不是一个我们惯用的术语;再如"外国人研究生",为什么在修士阶段之前还有一个外国人研究生?有关这些称谓,它的具体内涵是什么?这几个不同阶段又分别对应着日本怎样的法学教育观?而有关这些问题,也是我想通过结合自己的留学经历,和大家分享的内容之一。

■ 宏观视角:日本法学教育的基础框架

从宏观层面而言,如果让我用一句话来先行总结日本法学教育的特质,我个人倾向于给它这样一种评价:日本的法学教育自明治维新以来,在不断地向欧美靠近却又在不断地与欧美保持距离。这个评价乍一看似乎非常矛盾,但是这确实是我在切身经历了日本的法学教育之后的一个真实感觉。之所以会得出这样的一种评价,我们可以分两个层面去进行展开和验证:基本的项目、学科设置,不同项目的授课方式及风格。

首先,图 1 大体上能呈现出以东京大学为代表的,日本法学教育的基本框架。我将其整体分为了学部教育和大学院教育。我们不妨从图示的最顶端开始,依次往下进行梳理。

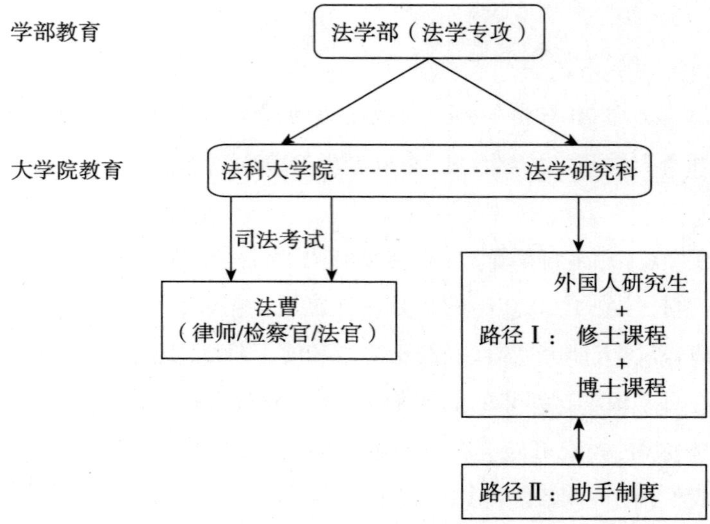

图1　日本法学教育的基本框架

位于最顶端的——也就是最基础的——为日本的本科法学教育，日本人称之为“学部教育”。日文中并没有中文所称的“本科”这一概念，本科在日本一律被称为学部；法学院，在日语里被称为法学部。因此，若一名学生在本科阶段以法学为主业，在日本就被称为是“法学部·法律专攻”。倘若一名本科生在日本的法学部修完了4年的课程之后，还有继续深造之意，则会进入大学院，也就是图1里的“大学院教育”所对应的这个阶段。日语里“大学院”之意，大抵类似于中文的“硕士研究生和博士研究生阶段”。而在进入这个大学院后继续深造的阶段，学生都会面临一个选择（图1里面的分叉路）。简单来说，如果想要在将来从事法律实务行业，那么惯常的路径就是去报考以培养实务人才为核心宗旨的日本的法科大学院，即图1岔路左边这一支；而如果想要走研究这条路，那么惯常的路径就是去报考以培养研究型人才为核心宗旨的日本的法学研究科，即图1岔路右边这一支。而在这个法学研究科之下，根据不同的项目、不同的培养方式、不同的学生身份，又可以进行两类区分。第一类是我选择的这条路径，经由外国人研究生的阶段后，升入修士课程，最后再升入博士课程，完成学业。这条路径，是一个“既面向想从事学术研究的来日留学的外国人，也面向想从事学术研究的日本人”的路径。除此之外,还有非常特殊的一个制度(尤其是在日本东京大学),即助手制度。这个制度虽然没有明确的国籍限制,但是迄今为止还没有外国人在东京大学涉足过法学领域的助手制度。因而从实质意义上来说,助手制度实际上是一个面向想要从事学术研究的日本人的专门制度。日本许多非常著名的刑法学者,都是经过这个助手制度的培养走出来的,比如日本著名刑法学者、前东京大学教授、现任日本最高裁判所大法官的山口厚老师,就是东京大学法学研究科之下的助手制度培养出来的优秀学者;从这个助手制度的培养中走出来的学者也包括我在日本读书时候的导师,桥爪隆教授。而法学研究科下面的这两条路径(图1路径Ⅰ和路径Ⅱ),分别有什么不同、具体的理念是什么,这个我们稍后会再详细介绍。

经过以上初步描述,大致展现了以东京大学为代表的、日本法学教育的基础框架。在此,我特别想要强调的一点是,在日本读完本科,也就是读完法学部的本科毕业生,在想要继续深造的时候,大多学生都会选择左边的法科大学院这条路;而只有相对较少的一部分以学术为志向的学生,才会去选择法学研究科(见图1)。因为日本的法学教育理念本质上是以培养实务型人才为根本导向的,因此以培养实务人才为宗旨的法科大学院就成为大多日本法学专业学生们的首选。并且,法科大学院之所以成为日本法学专业学生们想要继续深造的首选,还有一个更为重要的原因便是,日本的司法考试制度和是否在法科大学院有过深造有着直接的关系。因此,在接下来的时间里,我会先着重介绍一下日本以培养实务型人才为宗旨的法科大学院制度,因为它代表了大多日本法学专业学生的选择;然后,我会再介绍一下日本以培养研究型人才为宗旨的,也就是我本人就读的法学研究科的情况。

■ 微观视角Ⅰ:法科大学院制度

□ 法科大学院的由来及初衷

谈及以培养实务型人才为宗旨的法科大学院,我们首先应当知道的是,法科大学院在日本其实并未有着相对悠久的历史沿革。何以出此定论?因为法科大学院制度实际上自2004年4月才正式施行。在此之前,日本的法学教育体系内并不设有法科大学院，皆为法学研究科。想要从事学术研究和想要从事实务之人都在一起上课，没有专门区分。而日本之所以会在2004年4月，专门在法学院之下增设法科大学院制度，原因正是，从19世纪90年代开始，日本法学专业的学生之中，以从事律师行业、检察官或者法官行业为志向的学生数量持续呈现出井喷状态，培养实务人员的授课需求和实务人员的学习需求也是与日俱增。因此，日本实则从19世纪90年代末期就已经开始着手筹备在法学院之下，参照美国法学院的JD(Juris Doctor，法律博士)制度，增设一个专门培育实务型法律人才的课程项目模式。在经历过若干年的商议和审慎定夺后，直至2004年，日本才公布了一项名为"法科大学院教育与司法考试连携法"的法律，在这部法律的第2条第1款里面明确了法科大学院的设立。

正如我刚才介绍的那般，法科大学院设立时的最初构想，实为参照美国法学院的JD制度；故而，法科大学院虽为隶属于日本的大学院阶段的法学教育，但由于法科大学院本身鲜明的实务导向性，因此法科大学院在日本也被称为是一种"专门职大学院"。如果一个日本人在本科毕业之后进入法科大学院学习，完成学习后拿到的学位，也是一个比较特殊的学位，名为"法务博士(专门职)"，这个"专门"是特指和学术型研究相对应的意思。从法科大学院毕业后，会获得相应的"法务博士(专门职)"学位证书。而且，因为法科大学院是一种"专门职"，它的学位服也和一般博士的不一样，学术型博士毕业后的博士服是蓝色的，法科大学院毕业的人的博士服是紫色的。

□ 法科大学院与司法考试的联动性

当然，以上仅为形式层面的区分，真正决定了法科大学院的实务导向色彩的是法科大学院的设立与司法考试的联动性。何出此言？在此，就需要捎带介绍日本的司法考试制度。很明显，司法考试是所有想要从事法律实务的学生的必经之路，日本概莫能外。但是，并不是所有人都可以报名参加日本的司法考试。日本规定只有如下两类人有资格参加日本的司法考试：第一，在法科大学院深造过，修完了法科大学院的所有课程的学生。第二，考生先参加一种名叫"司法考试预备试"的考试，如果这个预备试通过了，始有资格参加司法考试，预备试的参加并没有年龄和次数的限制。至此，或许大家会好奇的一点是，既然有这么两种方法都能让一个人在日本获得参加司法考试的资格，那我们不读法科大学院，而是选择直接参加这个叫“司法考试预备试”是否可行？如此一来，这是否意味着法科大学院也并没有如此举足轻重的地位？其实并非如此。因为虽然我刚才提及，有这么两种方式可以让一个人在日本获得参加司法考试的资格，但是第二种，也就是参加“司法考试预备试”并通过了这个预备试，进而再获得正式的司法考试资格，存在相当的难度和障碍。原因在于，“司法考试预备试”的难度非常之高。具体而言，司法考试预备试其实分为三个阶段：第一个阶段为“短答式笔试”，第二个阶段为“论文式笔试”，第三个阶段为“面试”。这三个阶段实为进阶关系，即只有前一个阶段合格通过了，才有机会进入下一个阶段；任何一个环节不合格都只能第二年重新来过，无法如我国法律职业资格考试的客观题成绩那样保留一年。那么这三个阶段里，第一个阶段的短答式笔试是在每年的 7 月，第二个阶段的论文式笔试是每年的 9 月，然后面试是第二年的 1 月。具体流程和每个阶段的考试科目及内容，如图 2 所示。

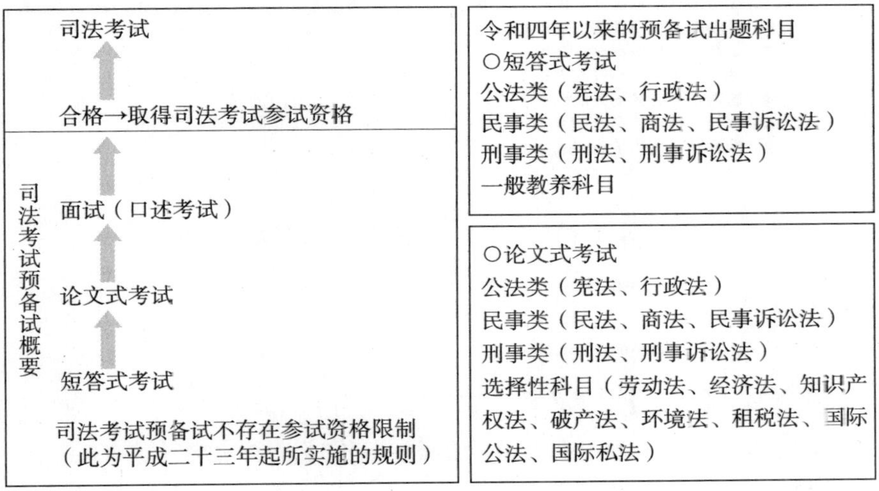

图 2　司法考试预备试流程及考试内容

其中，这个第一阶段的短答式笔试，考题的形式主要是一些选择题。这些题目虽名为选择，但实为案例。图 3 即为 2018 年日本司法考试预备试的真题。这个题目就是一个典型的长案例,考生需要根据这个案例做出选择。而除图3这个真题外,还有很多题目是每个选项为一个案例,让考生判断选项里的案例结论是否正确等。所以说短答式笔试,严格意义上来说是案例题作答。而且这里面的题干也颇具新意,如图3所示,从该题的题干直译中我们可以发现,这个司法考试预备试对于像刑法这样存在大量理论纷争的学科领域,强调的是目前日本司法实务的判例立场,而不是学者的立场。这是日本司法考试预备试的特色之一,该考试本身就是一个让理论不断去契合司法实务的过程的呈现。这个是预备试第一阶段的短答式笔试。

〔第２問〕（配点：２）

次の【事例】における甲の罪責について，判例の立場に従って検討した場合，正しいものは，後記１から５までのうちどれか。（解答欄は，［No.２］）

【事　例】

甲は，バーの経営者Ａから現金を強取しようと考え，１２歳の長男乙に，「Ａのバーに行ってお金をとってきて。覆面を付けて，『金だ。』とか言ってモデルガンを見せなさい。」と言い聞かせた。乙は，当初警察に捕まることを恐れて嫌がっていたが，結局小遣い欲しさから承諾し，甲から覆面とモデルガンを受け取った。

乙は，Ａのバーまで行き，甲から指示された方法に従って，覆面を付けモデルガンを拳銃のように見せ掛け，Ａを脅迫してその反抗を抑圧した。さらに，乙は，自己の判断により，外から人が来ないようにするためバーの出入口ドアの鍵を掛け，Ａをバーのトイレに閉じ込めた。その後，乙は，レジ内の現金を強取し，外に出ようとしたところ，トイレから脱出して乙に向かってきたＡから腕をつかまれたため，これを激しく振り払った。その結果，Ａは転倒して負傷した。

乙は，逃走して自宅に戻り，強取した現金を全て甲に渡した。甲はその現金の中から乙に小遣いを与え，その余を生活費等に費消した。

１．強盗致傷罪の教唆犯が成立する。
２．強盗罪の間接正犯が成立する。
３．強盗致傷罪の間接正犯が成立する。
４．強盗罪の共同正犯が成立する。
５．強盗致傷罪の共同正犯が成立する。

图3　日本2018年司法考试预备试短答式笔试真题

图3译文:

第2问(所占分数:2分)

有关以下【事例】中甲的罪责,若以顺应判例的立场加以探讨,那么正确的应为如下所示1至5中的哪一选项?(解答栏为No.2)

【事例】

甲企图从酒吧经营者A那里强取现金,便对12岁的长子乙说,“蒙住你的脸,去A的酒吧把钱给拿走,用‘给钱!’之类的话喝令对方,然后让他们看到你手里的模型枪”。一开始,乙由于惧怕被警察逮捕而对此有所芥蒂,但由于想要从甲那里获得些许零花钱的欲望战胜了恐惧,因而最终承诺去办此事,并从甲那里拿到了用以蒙面的道具以及模型枪。

后来,乙去往了A的酒吧,并按照甲所指示的方法,蒙面后向对方假装自己手里的模型枪是真的手枪,由此胁迫A之后压制了A的反抗。随后,乙基于自己的判断,为了使他人无法从外部进入到店内,遂将酒吧出入口的门上了锁,然后将A关到了酒吧的卫生间内。之后,乙从酒吧的收银台强行取走了现金,正当其想要外出之时,被从洗手间脱逃出来并奔向自己的A抓住了手腕,乙猛地将A甩开。这一行为所导致的结果则是,A因此而摔倒并负伤。

乙在逃走之后便回到了自己的家里,将强取而来的现金全部交给了甲。甲从强取来的现金中抽取了一部分作为零花钱交付给了乙,其余的部分则用于自己的生活消费。

1. 成立抢劫致伤罪的教唆犯。

2. 成立抢劫罪的间接正犯。

3. 成立抢劫致伤罪的间接正犯。

4. 成立抢劫罪的共同正犯。

5. 成立抢劫致伤罪的共同正犯。

接下来,则是第二阶段的论文式笔试。具体的出题方式为纯粹的案例题。此处仍需说明的是,第二阶段名为"论文式"笔试,但本意并不是让学生撰写论文;毋宁认为,是让答题者如撰写论文那般,列举案例里面可能涉及的所有知识点,比较各个知识点所对应的学说观点孰优孰劣,进而选择自己支持的观点和立场。案例题的内容非常庞杂。第二阶段的论文式笔试题目的题干里不含任何作答限制,也就是具体的知识点、观点阵营的列举和选择,是遵从判例立场,还是学界的立场,就由学生自己去展示、去分析。

倘若能够顺利通过前两个阶段的考验,接下来则会面临预备试中最难的环节,也就是最后一个阶段——面试阶段。这个面试阶段之所以最难,是因为面试官出什么面试题完全没有定数。面试官有可能说一个案例,让考生回答怎么分析这个案例中的行为人的罪责;也可能说一套理论,问考生判例中对于这套理论采取了一个什么样的立场；还可能直接拿出一本法典，让考生说说法典第××条应当怎么解释。

以上这些，大家可以看到，如果一名日本学生的志向是在日本从事法律实务行业，但他本科毕业之后又不想选择以进入法科大学院深造的方式获得正式的司法考试资格，而是选择通过完成司法考试预备试的方式，获取参加正式司法考试的资格的话，其实是困难重重的。因为预备试的难度，在很多日本人眼里甚至要高于司法考试本身的难度，尤其是最后还有一个充满未知数的面试环节。这也导致了大部分日本学生选择进入法科大学院深造，在深造后，自然而然地获得参加司法考试的资格。以上相关内容的阐述可为我刚才谈及的问题提供一个答案，即恰恰由于就读法科大学院和获取日本司法考试的资格有着联动关系，因而法科大学院成为大多日本人的首选。

□ 法科大学院的教育模式及特征

如果一个想要从事法律实务的日本人，没有选择在本科期间参加司法考试预备试，而是选择进入法科大学院深造而获得参加正式的司法考试，那么他就会面临在法科大学院的高强度法律教育。如果我们还是用一句话总结法科大学院的高强度法律教育，那么可以把它评价为“高度重视实务教学，但同时辅以大量的理论传授”。这个评价可以通过以下三个方面来体现。

1. 法科大学院的课程设置概括

法科大学院会区分修习之人本科阶段是否系法律专业出身，而分为“法学既修者”和“法学未修者”。法学既修者的意思就是这些人本科即为法学专攻，如果去法科大学院深造，他们的课程就是 2 年。而法学未修者的意思就是这些人并非法学本科出身，那么如果去法科大学院深造的话，他们的课程就是 3 年。在法科大学院深造的过程中，所有学生都必须修满 93 个学分，才可以取得法务博士的资格。作为比较，以我本人就读的法学研究科而言，修士阶段只需 2 年修完 30 个学分，而博士阶段 3 年只需要修完 20 个学分即足。因而仅从这个角度来看，法科大学院的课业压力之大可见一斑。至于法科大学院的授课内容，有非常多的实务课程，包括刑事模拟裁判、民事辩护研究、民事实务(危机管理)、民事实务、刑事模拟裁判、民事判例研究和刑事实务。

授课的老师都是非常优秀的实务专家,还有本校自己的老师会和实务专家共同开课。但除此之外,大家还可以发现一些细节,如图4所示。图4中,有些课的前面打了括号,里面写了“综合”的“综”字,或者写了“法”字,此为何以意?前面括注“综”字的意思是说,这些课是法科大学院和法学研究科的学生都可以选的;前面括注“法”字的,意思就是除法科大学院的学生之外,本科生,也就是法学部的学生也可以选的。而前面没有写“综”字或者“法”字的,就是专门面向法科大学院的学生开设的课程。而且特别有意思的是,这些只面向法科大学院的学生们开设的课,其他学生是修不了学分的,至多只能去旁听。

(综·法)现代美国法(5/6月集中授课) 浅香、溜箭 304 教室	
①民事类判例研究 金子 201 教室 ②民事类判例研究 水野 101 教室 ③民事类判例研究 内海 102 教室	(综)英美法总论 溜箭 404 教室
	(综)知识产权法 田村 102 教室
民事事实认定论 小田·关 201 教室 (共·综/文)欧盟法 伊藤 301 教室 租税及其他相关法律 平川 4040 教室	
	刑事实务 北岛·江渕 305 教室 民法 冲野 303 教室 (综)劳动法:比较劳动法 荒木 304 教室

图4　课程截图

另外,很多法科大学院的实务类课程,由东京大学会和外面的实务部门的人员一同编写课程教材,而且这个课程教材是不对外发售的内部资料。如此便可见日本对于这类实务型人才的培养模式的偏爱。而且大家也可以发现,法学研究科学生能够选修的理论型课程,法科大学院的人也都可以选;而法科大学院学生能选的课,法学研究科学生却不能选。所以综合下来我们就可以说,以东京大学为代表的法科大学院的授课模式就是一种“高度重视实务教学,但同时辅以大量的理论传授”的模式。

2. 法科大学院的授课模式

法科大学院授课的方式可以分为如下几类。第一类就是以老师的讲授为核心的大课,其中包括部分涉及各个学科的初阶和高阶理论知识的课程内容,也包括了很多实务家来讲授的实务课程。第二类是研讨课,研讨课会根据课程是仅面向法科大学院学生还是同时也允许法学研究科的学生选课会稍有不同。如果是只面向法科大学院学生的课,那么可能会存在一些我们称为“围坐型研讨课”的课程,学生每节课分专题报告,老师进行点评,学生直接进行交互式的评议;而如果一个课既开给法科大学院学生也允许法学研究科的人选,那么可能由于人数较多,这样研讨课就会变成“分组研讨模式”,比如分成6组,每个小组先行针对若干问题讨论出一个结论,然后派一位代表发言,等等。

因此,研讨课就是一个非常典型的、理论和实务不断交织的、老师带着学生不断地往返于理论和实务的过程。而且我特别想要强调的一点是,其实研讨课的比重在法科大学院下甚至是不亚于一般的大课的(即不同专业及不同专题的研讨课不胜枚举,其课程设置数量甚至要远多于纯粹由教师单方面讲授而完成的“大课”)。因为日本对于培养实务型人才的一个基本观念是,任何一个实务型人才的诞生都不可能是通过单方面被老师灌输知识而完成的,任何一个实务型人才的诞生都必须要经过自己去探索知识,自己去输出知识的能动性体验,才可能完成。所以研讨课的比重不亚于大课的比重这一点,也可谓是东京大学法科大学院的一个特色。

3. 法科大学院的“研究论文提出制度”

“高度重视实务教学,但同时辅以大量的理论传授”的这个评价,也可以从另一个角度去佐证。我们刚才提到,日本的法科大学院系企图仿照美国法学院的JD制度而设立,故日本的法科大学院原则上不存在导师制,并不会给学生们分配导师。但饶为有趣的是,东京大学的法科大学院又增设了一个非常特殊的内部制度,即“研究论文提出制度”。也就是说,即便处在一个完全以实务型人才培养为导向的法科大学院中,学生也可以选择在毕业前提交一份研究论文。为了让学生们顺利完成这一研究论文,法科大学院会让其选择相应的指导老师。相当于是在"出口方向"上给学生们预留了另外一个选项,即学生可以以一篇学术型文献为他的法科大学院生涯画上一个句号。而我稍后在介绍法学研究科下面的助手制度的时候也会再提到的一点就是,这个法科大学院内部的研究论文提出制度也为部分报考了法科大学院,但后续又转向了学术研究型的人才提供了一个非常良好的跳板。

综上所述,以东京大学为代表的日本法科大学院的设立其实正如我早先所言,是"试图向欧美靠拢,但又在尝试着和欧美保持距离"的缩影之一。换言之,东京大学的法科大学院的设立宗旨是培养实务型人才,但法科大学院的学生在学习的过程中,又可选修大量的以培养学术型人才的法学研究科的课程的学分;甚至只要学生愿意,也可以选择研究论文提出制度,选择导师去完成学术指导和学术写作工作。如此一来,便在相当程度上摆脱了对美国的 JD 制度亦步亦趋的局面。而且,另外一个区别在于,虽然东京大学的法科大学院的大课大多是以考试的方式结课,但是我刚才提到的第二类授课模式,也就是研讨课,却都是以"论文写作"的方式结课,而且甚至研讨课的论文需要学生用英文来写作。原因在于,东京大学法学院有很多全职的老师可能来自欧洲或者美国,因此他们为法科大学院开设的课程的结课论文,就需要由英文来写作。因此,就我个人的见闻和感受而言,法科大学院的学生绝对不会因为自己所在的环境系以实务为导向的,就欠缺学术指导和学术训练;相反,他们因为能选的课比法学研究科多,他们所能够经历的学术写作指导和训练未必少于法学研究科的学生。只是法学研究科的学生有固定的导师,还能够在导师那里获得一定的指导和慰藉。

■ 微观视角Ⅱ:法学研究科的培养模式

接下来进入本文的最后一部分内容,也就是关于我本人就读的日本东京大学法学研究科的法学教育模式的介绍。这部分内容可参见图 1 的右边这支。

□ 法学研究科下的“助手制度”

如前文所述，在以培养学术型人才为核心目的的法学研究科内部，其实又可以区分两条培养路径。其中第一条就是我本人留学期间所经历的，先以外国人研究生的身份就读，然后升入东京大学的修士课程阶段，再升入东京大学的博士课程阶段，最后毕业。这其实是一个比较好理解的路径，也与我国惯常的“攻读硕士学位和博士学位”这一路径趋同，只是这条路径里面多了一个外国人研究生阶段。以培养学术型人才为宗旨的法学研究科内部，最具有特色的就是助手制度，东京大学的助手制度其实也是从很久以前开始设立，为日本学界输送了非常多的人才的制度。此处的“助手”和中文里的“从事辅助性的工作的助手”或者“助教”完全不是一个意思，而且严格意义上来说这个助手并不是一个学位，而是一个拿工资的职位；这个职位一共有 3 年的年限，不得延长，在 3 年的年限里必须提交一篇助手论文，而这篇助手论文的各方面要求都要远远高于博士论文。而且，助手论文的答辩原则上由全院老师和学生来旁听，因而助手本人会受到莫大的鞭策。因此，倘若从学术的角度对之加以总结，助手需要在 3 年时间里完成要求远比博士论文要求更为严格的助手论文，而且 3 年仅此一次机会，如果 3 年内没有提交，那么这 3 年的助手生涯就纯纯浪费了，不得延期也不得重新申请。东京大学对于这种经由助手制度培养出来的人才的定位就是，日后其能成为日本刑法学界的中坚力量。

正是因为这样一种非常的要求和期望，助手制度的入选门槛非常高。日本人如果想要走助手这条路去从事学术研究，必须要达到两个条件，才有资格申请：第一个条件是，本科毕业的时候即通过了司法考试预备试，并且之后通过了司法考试；第二个条件是，本科毕业之后进入法科大学院修完全部课程，并且之后通过了司法考试。

正如我刚才介绍的那般，符合第一个条件的人才其实是极为稀缺的；符合第一个条件还愿意走学术这条困苦艰深之路的，更可谓少之又少。东京大学培养出来的诸多刑法学者之中，尤其是在 19 世纪 70 年代一直到 2000 年初期这 30 年的时间里，符合第一个条件在本科毕业之后直接当了助手的,并且在提交助手论文之后能够在日本刑法学界大放异彩的人并不鲜见。但直至2000年以后,符合第一个条件而申请法学研究科的助手的日本人便屈指可数了。在我读书期间,身边同门或者其他刑法老师门下的助手,大抵是通过第二条路筛选出来的。经过了我刚才说的法科大学院的教育洗礼和司法考试的煎熬,即便走的是第二条路径,也几乎都是精英。我们国内学界非常熟悉的日本刑法学者,如山口厚、西田典之、前田雅英、佐伯仁志、大塚仁、藤木英雄等,皆未有博士学位和硕士学位,而是本科毕业之后就进入了东京大学法学研究科下的助手制度体系,经历过3年的助手期间的考验,最后成为非常优秀且著名的学者。而且这些学者里可能除藤木英雄以外,都直接或者间接地为中国刑法学界培养和输送了若干人才。上述助手制度,是东京大学非常特殊的一个法学教育路径,这也是本文在介绍东京大学的法学研究科的时候,率先想要给大家介绍的。

□ 法学研究科下的"修士课程/博士课程"

相比之下,我本人在留学期间所走的路径,其实就是相对惯常的、以获取学位为终极目标的路径。先后经过外国人研究生阶段、修士课程阶段、博士课程阶段,再在提交博士论文后毕业拿学位。这条培养路径,其实主要也是面向我们这类想在日本留学从事学术研究的外国人留学生的。

1. 阶段Ⅰ:外国人研究生

这里首先要向各位说明的是,"修士"实际上对应的是中文中的"硕士";而外国人研究生,虽然用了"研究生"这个措辞,但在日语里"研究生"并不是我们所说的"研究生学位"的意思,而是类似于以研究为志向的旁听生。按照我当年入学时东京大学的规定,所有刑法专业的外国人原则上不能直接进入修士课程获得学位,而是要在进行修士课程之前,先以外国人研究生的身份入学。而以外国人身份入学之时,便会选择导师或是分配导师。外国人研究生的学习年限没有限制,但一般是1年左右。

在此假设有一名外国人研究生入学东京大学,在这1年左右的时间里,该研究生需要去旁听诸多课程,如东京大学法学部的基础课程,以及自己导师的所有研讨课。在积攒了日本法相关的基础知识后,需要在这1年的时间内,提交一篇规范的学术论文。学科组会对这篇论文展开评估,评估合格后,其会进入面试环节,面试环节由学科组的老师以及其他专业的至少一名老师一起,针对该研究生写的学术论文展开提问,其需要在面试的场合和老师们展开激烈的观点交锋。如果这个面试环节同样合格了,那么该研究生才有资格进入东京大学的修士课程,去修学分然后获得修士学位。而如果该研究生的论文一开始就没有被评估为合格,或者论文虽然被评估合格了,但面试环节没有过关,那么其就需要延长外国人研究生年限,从零开始再循环一轮上述的所有步骤,直至合格并获得了修士课程入学资格为止。

2. 阶段Ⅱ:修士课程及博士课程

如此看来,外国人研究生制度并不是一个学位,而是一个能够让外国人有资格入学修士课程的门槛。

而法学研究科对于修士和博士的培养方式,其实相对我刚才介绍的法科大学院而言,会简易一些。大体而言,以我本人所经历的刑法学科领域这一相对微观的视角来看,东京大学对于修士课程和博士课程在读的法科学生的教育理念和培养模式可以列举出如下几个特色之处。

第一特色是,以培养学术型人才为目标的法学研究科,无论是修士课程还是博士课程,所有的课程全部是研讨课,没有大课。其中有这么几个原因:首先,正如我刚才介绍的,日本的整体法学教育理念以培养实务型人才为核心,因此大部分日本人在本科毕业之后会选择进入法科大学院深造,然后通过这种方式获得司法考试资格。只有少数非常明确想要从事学术研究的日本人才会选择进入法学研究科。故此,法学研究科的总人数较少,而且老师们带的学生也非常少。以刑法领域为例,如现任日本最高裁判所大法官的山口厚教授以及已经去世的东京大学法学院教授西田典之教授,两位老师穷其一生也不过每个人带了约十位学生而已。所以说,法学研究科实为一个小而精的研究科,学生少、老师多。因此所有的课以研讨课的形式开设,是一个既符合现实条件也符合学术型人才培养的教育理念的模式。其次,日本对于学术型法律人才的培养理念有一点和实务型法律人才的培养是相似的,也就是日本学者会认为,学术型法律人才到了修士或者博士阶段一定不能停留在单向的知识输入的层级,而是必须不断地将自己吸纳的知识,用自己的理解方式和组织的语言向外输出。因此,老师的角色定位并不是一个单纯的传播者,还是知识的受众。亦即,老师在研讨课上需要不断地听取学生用自己的语言去描述他们认知范围内的某一套理论或某一类判例群,而老师的工作则是对学生所组织的语言进行评议或反驳。

第二个特色,就是研讨课的具体方式。总体来说,东京大学法学研究科的研讨课的具体授课方式主要就是我刚才介绍过的“围坐型研讨”。而具体讨论什么,其实又可以分为三类。第一类形式,是师生一起围坐阅读外文文献。刑法领域以德语文献为主,偶尔会有法语文献和意大利语文献。这个围坐阅读外文文献,严格意义上来说并不是东京大学的特色,而是整个日本法学教育的特色。大约从 19 世纪 20 年代前期开始,日本法学院的一个惯用的授课模式就是所谓的“外文原书(文)轮读制”。从小野清一郎读书的那个时代起,日本的法学院便开始盛行起了“围坐型研讨”。大体的流程是,学期的一开始会由老师选定一本外国刑法的原文读物,然后每周分配任务(每人承担 × × 页的翻译任务);在翻译完成后,由每个人对自己担任的部分进行基本的内容阐述,并进行理解的深化和讨论。第二类形式是分析判例,大家一起讨论判例。判例的讨论其实占据了我这六年半留学生涯的大部分时间。除了我们自己学科内部在研讨课上的判例讨论,东京大学还会每个月定期举办一次“刑事法判例研究会”,每个月都会把曾经毕业于东京大学但现在在日本各地任教的中青年教师和活跃于律师、检察官、法官等行业领域的实务专家请来,同时还会邀请不少和东京大学没有直接关系的校外教授,共同讨论两件日本最高裁判所的判例(一般都是两则判例,讨论内容分别有关刑法和刑事诉讼)。在将近 7 年的留学时光里,刑事法判例研究会无疑是一个让我备感收获的环节。因为很多曾经毕业于东京大学的法官会在这个会上分享自己裁判时的顾虑和考量。第三类形式,则是学生报告自己的论文。这个环节类似于北京大学法学院的学术工作坊。在报告论文时,刑法专业的所有助教和学生会一起评议、批判该论文,之后由老师进行总结和归纳。报告人能从老师和学生的批判中找到思路与灵感。故这样一种高强度的论文汇报,以及前两类形式的授课,就构成了东京大学法学研究科的一个基本的授课方式,也形成了东京大学自己的特色。

第三个特色，是东京大学法学研究科的课程任务非常轻，大部分时间都是留给学生论文写作，以及老师对论文进行指导；所以简单来说就是，课业压力极小，而论文压力极大。正如刚才介绍的，法学研究科修士课程期间的学分任务是 2 年 30 个学分，博士课程期间的学分任务是 3 年 20 个学分；而且，不管是修士的 30 个学分还是博士的 20 个学分，其中都有 8 个学分叫作"专攻指导"——只要学生私下里找导师讨论问题或讨论论文，这 8 个学分就会"无偿赠与"学生。所以严格意义上来说，学生真正需要选修的学分，在修士阶段只有 22 个，在博士阶段只有 12 个。因此，学生基本上在把刑法学科组的几位老师的研讨课全部修完便可获得全部学分。而剩下的所有时间，学校和老师都鼓励学生把全部精力投入论文写作。这种宽松的课程设置，实际上也从另一个侧面体现出了东京大学法学研究科对于学生们在论文写作上投入的时间和精力的重视。用一句话来概括东京大学对学生的要求：集中精力于论文而切莫分心于他事。

第四个特色，是东京大学的法学研究科会要求有志于从事学术研究之人"提早做周全的准备"。特别是针对像我这样从修士一路读上来读到博士的学生，老师们会要求我们从修士一开始直至博士毕业的若干年之内，均要围绕同一个主题去进行修士论文和博士论文的写作。换言之，老师们对学生的要求是，在修士第一年时间内，就定好之后 5 年至 6 年的研究主题，修士论文和博士论文就是围绕同一主题的具有前后承接性的一个大论文的组成部分。可见，东京大学对于有志于从事学术研究（特别是刑法这个学科）的学生，要求的是在问题意识领域精耕细作，持续研究 5 年至 6 年，最后得出蔚为可观的成果。因此，在我当时的学术环境中，博士论文换一个与修士论文毫无关联性的题目，乃求学之大忌。

■ 结语

以上我所提及的这四个特色，基本上是围绕课程和论文而展开的。但是，东京大学法学研究科能够让我直观感受和体验到的法学教育的特色其实还远远不止这些。倘若展开了说，每一个细节也都值得分享，包括学生在研讨课上，具体是以怎样的方法论进行学术研讨的；在判例研究会上，日本对于判例的分析模式有什么特殊之处或和德国有什么区别；等等。日本的这种法学教育模式当然有它自身的优势和劣势可供我们进一步探讨。这些话题也就留在今后，和一些具体的细节问题一起，再作讨论。

提问与讨论

问：在日本，其他学校（如私立学校、小规模学校），它们的法科大学院办学状况如何？社会对这项改革的整体评价如何？

答：从整体来看，针对法科大学院制度的评价，确实褒贬不一。针对这项改革，也有批评意见指出其导致教育资源的失衡。如果以东京大学法学院作为衡量对象，它的确有天然的优势：优越的师资以及生源。规模较小的地方性院校建设法科大学院存在两个问题：生源不足、资金不足。在日本，并不是所有大学都会设置法科大学院，因其底蕴不足以支撑。

问：讲座中提到"日本法学博士生论文压力极大"，是不是仅指博士论文，而不包括论文发表？

答：法学博士生论文压力大主要来源于写作博士论文，基本没有论文发表要求。

问：有很多日本留学生取得法学本科学历之后，到美国攻读 LLM（Master of Laws，法学硕士）。那么，在获得美国 LLM 学位之后，能否直接回日本参加司法考试？

答：能否参加日本司法考试仍需按照日本的相关规定（是否修完法科大学院的课程或是否通过了司法考试预备试），与是否在美国取得 LLM 学位无关。并且，日本人对于出国留学并不过度看重。尤其从刑法学科来看，选择去国外攻读博士的日本学生基本没有。可以说，出国攻读学位的履历并不是一个加分项（反而可能是减分项），而更加看重推荐。

问：法科大学院设置的课程数量是否过多？要求是否过高？与英美法

学教育相比,如何评价其“有效性”?

答:法科大学院与本科时期的授课内容相互有明确的区分和衔接,是一种进阶式的教育模式,但确实也存在着一些法科大学院的课程能否和实务完美接洽的质疑。

问:日本法学院针对法科大学院和法学研究科的课程设置,有何特点,有哪些课程是共享的?

答:日本东京大学存在大多专门面向法科大学院学生的课程设置。这主要体现为,大多实务类课程的受众主要是法科大学院的学生。在这些课程中,法学研究科的学生往往无法修得学分。除此之外,存在部分法科大学院和法学研究科合并设置的课程,即法科大学院的学生和法学研究科的学生可一起选择此课程并修得学分。

问:“助手”是对学术人才乃至于学术接班人的培养,具有比较强的人身色彩(类似于“门生”),所以助手制度在日本法学界是否具有普遍性?

答:日本学者选择、培养助手极为慎重,以其导师为例,从教 20 余年门下目前仅有两位助手;不过,随着时代的发展,日本学者对于助手的选择也从保守走向缓和。并且,“助手”是一项极具东京大学个性特色的制度,除东京大学法学学科之外,政治学科也下设助手制度(但政治学科的助手人数极少);但是,在东京大学之外的其他日本的大学中,全盘推行助手制度的情况则相对少见。

超越批判："赫尔辛基学派"与博士生培养

张康乐

张康乐

北京大学法学院助理教授（国际公法专业），北京大学国际法研究所所长助理，北京大学—耶鲁大学法律与政策改革联合研究中心研究人员，芬兰埃里克·卡斯特伦国际法研究所研究员，曼彻斯特国际法研究所研究员。任《北大国际法与比较法评论》主编，同时担任牛津大学出版社国际组织法（*Oxford International Organizations*）的责任编辑，也是美国法律与社会研究会下设法律与政治经济学小组负责人之一。任包括欧洲国际法期刊（英文）、法律与政治经济学期刊（英文）、中国国际战略评论（英文）、中外法学（英文版）等期刊在内的外审专家。芬兰赫尔辛基大学法学院法学博士，师从马蒂·科斯肯涅米教授；北京大学法学学士（国际关系学院）、法律硕士。主要研究国际公法和经济发展的连接点问题，涉及法律与发展、环境与发展、发展权、国际金融秩序、国际法中的企业等问题。曾在芬兰赫尔辛基大学法学院讲授国际法基本理论、国际金融法、国际经济法等课程。在北京大学主要讲授国际公法和国际环境法等课程。

2023年4月27日中午,北京大学法学院教学沙龙2023年第二期“小国寡民的天下观:赫尔辛基学派与博士生培养”在凯原楼307会议室举行。

本文分享的切入点是赫尔辛基学派,更具体地说是一个与教学和学生培养相关的问题:为什么在芬兰这么一个小国家,会出现国际法学中极为重要的“赫尔辛基学派”?通过对这一问题的讨论,我希望对当下国际法学界一些学者对马蒂·科斯肯涅米(Martti Koskenniemi)的热衷作以反思。在此基础上,对赫尔辛基大学法学院的博士生培养作以介绍。

■ 小国家的大学派

□ 小国家:芬兰概览

芬兰国家很小,现居人口552万,国土面积338,424平方公里。在历史上很长一段时间内社会比较封闭——对于很多芬兰人来说,2000年之前都没有在芬兰见过白人以外的人种,所以目前整个国家和社会还处于对其他人种与文化的适应过程中。芬兰的官方语言是芬兰语和瑞典语。虽然说瑞典语的芬兰人只占总人口5.3%,但是国家通过各种积极措施在法律层面保障他们的受教育权。比如,学校需要同时开设芬兰语和瑞典语两套课程,学生可以自由选择上芬兰语课程还是瑞典语课程;所有的教职都需要分别设置一个芬兰语职位和一个瑞典语职位,学术期刊也分别有芬兰语和瑞典语的期刊。政府对双语教育的保障从幼儿园一直持续到博士。而与其他很多小国家一样,芬兰人尤其是年轻的芬兰人大都掌握基本的英语。英美文化,尤其是流行文化对芬兰年轻人影响巨大,这尤其体现在他们的语言中——总能在年轻人的芬兰语交流中听到美腔浓重的“oh my god”,情形颇为神奇。

芬兰社会福利较好,是一个高税收、高存款的国家,但是芬兰内部的贫富差距问题也在不断加剧。一项数据显示,从2016年到2019年,总人口中最富有的10%占有的财富从46.8%增长到了50%。尽管近几年连续被联合国评为居民生活幸福感最高的国家,但是其国内贫富差距、地缘政治风险等问题也是芬兰需要处理的棘手问题。

整体性地介绍芬兰,一方面是介绍我读取博士学位的国家——毕竟芬兰在以欧洲作为留学目的地的人看来也是一个小众选择。我在后面也还会分享在芬兰留学的经历和体验。另一方面则是讨论一个关于"赫尔辛基学派"的问题。在这么一个小国家,20世纪80年代末科斯肯涅米一鸣惊人,在世界范围的国际法学界产生了翻天覆地的影响。在当下的国际法学界,可以不喜欢科斯肯涅米的学术研究——这种学者也很多,但是不可能不知道他的研究。简单而言,科斯肯涅米在美国20世纪下半叶出现的批判法学的基础上,推动了批判国际法学研究。

□ 大学派:"赫尔辛基学派"

有必要先讨论一下所谓的"学派"。到底有没有一个"赫尔辛基学派"?日内瓦国际关系及发展高等学院的安德里亚·比安琪(Andrea Bianchi)著有一本关于国际法研究方法的专著,其中比较全面地介绍了包括马克思主义国际法、第三世界国际法等在内的国际法研究方法,其中就有一篇名为"赫尔辛基学派"。但比安琪也在开篇明确说道,所谓的赫尔辛基学派,其实就是科斯肯涅米一个人的研究成果。科斯肯涅米的学术生涯主要做了两个工作。第一个工作以他的博士论文《从辩解到乌托邦:国际法律论证的结构》(*From Apology to Utopia: The Structure of International Legal Argument*)为集中代表,通过跨语言学和国际法学的研究,分析了国际法论辩背后的基本逻辑,剖析了国际法律师如何用法律的话语实现背后的政治目的。第二个工作以2000年后的两部著作为代表,开辟了国际法的历史转向。科斯肯涅米"刨"了西方国际法的"祖坟",仔细阐述了:与其说国际法是国际关系中的法律规则,不如说是血腥殖民历史中用法律的手段将基督教宗教观下的秩序强行推广到全世界的暴力工具。科斯肯涅米在这两个阶段的工作都引领了那个时代。跨语言学和国际法学的研究着力揭示了国际法背后的政治利益和权力关系,引发了关于国际法和(国际)政治的讨论,而且这一讨论至今仍未停止，尤其为当下中国的国际法和国际关系学界关于国际秩序的讨论提供了数不尽的翻译素材。而国际法的历史转向在当下更是火热。可以说，科斯肯涅米的研究嗅觉引领了起码小半个国际法学界的研究。那么与其说是"赫尔辛基学派"，不如说是"科斯肯涅米"本身。

对于这个问题，我的看法是，讨论是否存在"赫尔辛基学派"其实没有价值。在本文的语境下，赫尔辛基学派指的是以科斯肯涅米为代表的、聚集在赫尔辛基埃里克·卡斯特伦(Erik Castrén)国际法研究所的一群有着特定研究兴趣和审美的学者。超出本文的语境强调赫尔辛基学派，则大概率是没有意义的。学界中有人太擅长占山头、讲家谱，似乎学派就意味着传承——不仅是学识的传承，更是学术影响力的传承。实际上，学识和学术影响力都是个人的事情，能够传承的只是职位和职位带来的权力，没有学识支撑的职位和权力也不会长久，最多能在酒桌上嚷嚷"我爷爷曾经多么有学问"。国际法学界从来不缺学派，曾经颇为著名的"纽黑文学派"(在现在看来不过是美国国际法学者为政府行为辩护的一套学术托词)，在今天的耶鲁大学也少有问津了。那么我们讨论赫尔辛基学派，如果仅是放在一个大学的国际法专业培养的语境下，我认为是有意义的。如果是超出这个语境，大概率是有人要打着学派的名头捞点好处。

回归到本文讨论的语境中，赫尔辛基学派是一个以科斯肯涅米为代表的学术群体。这个学术群体的同质性并不高。在资深研究人员层面，除了科斯肯涅米，还有杨·克拉伯斯(Jan Klabbers)，后来去了斯德哥尔摩大学的雅纳·佩特曼(Jarna Petman)，以及包括莫妮卡·加西亚·萨尔莫斯(Monica Garcia - Salmones)，劳里·哈尼卡能(Lauri Hannikainen)，帕莫拉·斯洛特(Pamela Slotte)，伊米·塔格林(Immi Tallgren)等在内的研究人员。克拉伯斯以研究国际组织法闻名，整体研究思路相较科斯肯涅米要"中立"不少。哈尼卡能则是更为传统的实在国际法学者。甚至同属批判的学者之间区别也不少。塔格林最新的著作就是以批判科斯肯涅米关于16世纪至20世纪的国际法思想史为目的所著，他认为科斯肯涅米忽视了女性国际法思想家。所以说，尽管在本文的语境下统一称为"赫尔辛基学派"，但是其中学者观点、立场、方法和视角大有不同。如果说有什么相同之处，大抵是共同的对当下国际法律秩序的不满。

□ 大小之间

那么，在芬兰这么一个小国家，为何能够诞生如此一个具有世界影响力的学派，尤其是能够诞生世界范围内知名的科斯肯涅米？

回答这一问题，最常见的误区有两个。一个是个人英雄主义——科斯肯涅米的祖父是芬兰历史上极为有名的诗人，父亲又曾在最高法院任职，这自然为个人英雄主义论述提供了不少材料。另一个是环境决定论——科斯肯涅米的学术成就是他所处的环境决定的。科斯肯涅米曾经在芬兰外交部工作，一线参与了芬兰在国际条约中的谈判，见证了国际法的话语是如何在实践中被使用的。作为一个国际法理论工作者，科斯肯涅米是有实务经验的。《从辩解到乌托邦：国际法律论证的结构》之所以产生了巨大的理论影响，就是因为这是一本实证主义法学研究者也愿意看、能看懂的书。国际法学研究需要国际法实践和最基础的实证主义法学。同时，作为一个小国家的国际法从业者，务实是极为重要的。务实意味着，需要拒绝意识形态，处理具体问题。务实也意味着，如果国家不能在权力上有所突破，就可以在学术上去挑战以美国为核心的主流学术权威。

我倾向于认为，这是一个没有问题的答案，其实，提出"小国家—大学派"这一命题，我也并非是为了回答为何如此小的一个国家能够有如此巨大影响力的学者和学派。学术研究和学术影响力的问题是非常个人化的，是绝不可能反向追溯和判断的。用"小国家—大学派"的噱头来展开第一个讨论，除了吸引注意力，顺带介绍芬兰和赫尔辛基学派的一些情况，我还有以下两个用意。

第一，提醒对特定学派和学者感兴趣的读者，不要误入"追星"的圈套而丧失了个人的学术判断。无论个体学者多么有影响力，无论在阅读的过程中产生了怎样亲密的情感关联和愉悦的智力交流，究其根本每一个人有着独特的经历、视角和观点，应当为了"共同"的目标贡献自己的智识力量。我身边最多的是两种人。一种人擅长把包括科斯肯涅米在内的学者的学术作品换个包装，当成自己的学术成果发表出来，这就完全丧失了个人的学术自主性。另一种人沉迷于“学术追星”,以获得科斯肯涅米或者其他学者的签名为豪,乐于问我“做科斯肯涅米的博士是一种什么体验”,这也浪费了自己的学术潜力。那么应该怎么做呢?我建议,有一个思路是对自己喜欢的学者的知识宇宙进行深度探索。科斯肯涅米的学术观点大都比较直接,受过马克思主义教育的中国学生能够非常容易地理解和接受他的观点。但是,能不能深挖科斯肯涅米到底读了哪些书才建立起自己的哲学基础?

第二,对赫尔辛基和科斯肯涅米“祛魅”。当下中国国际法学界越来越多地关注科斯肯涅米,引用科斯肯涅米大有引用康德之势。学术引用本来无所厚非,但是在沉迷于名字和名词、讨论概念不讨论问题这一旧习惯还没有消退之前,有必要更加清醒地看待科斯肯涅米。科斯肯涅米和赫尔辛基学派致力于批判欧洲中心主义国际法,意图揭露国际法律规则背后的权力关系,这些的确对于中国的国际法研究能够有所启发。但是年轻的学生如果一味投身于批判国际法学,没有牢固的实在国际法的基础,一定没法做出有益、有用的研究。而且不仅是实在国际法,还应当更加全面地了解主要的国际法理论和研究方法,或者说,应当全面掌握法学方法论。

■ 赫尔辛基大学法学院博士生培养介绍

□ 赫尔辛基大学法学院

赫尔辛基大学前身是图尔库(芬兰前首都)的皇家学术机构。1828 年成为赫尔辛基大学。赫尔辛基大学有几个校区,分别分布在赫尔辛基市的不同位置,比如市中心的社会科学校区(法学院就在这里)、坤普拉(Kumpula)的理科校区等。和很多国外大学一样,赫尔辛基大学没有明确的校园区域,也就没有围墙。但是不同于美国一些大学,教师办公楼和教学楼会有保安严格控制,不允许非学校师生员工出入,赫尔辛基大学是全面面向社会开放的。这主要是因为,按照芬兰国内法,大学属于公共机构,就需要向社会开放。这种开放的好处是,社会人员都可以用包括大学健身房在内的学校设施,对于学校来说也是创收的项目——大学健身房对社会人员收费会更高。但开放也带来了一些问题,比如在法学院,曾经一度有一个非常狂躁的社会闲散人员在教学楼出入,给负责教学楼设施管理的门卫带来不少麻烦。

赫尔辛基大学法学院在一个7层高的楼里,这栋楼就在赫尔辛基市中心,离集市广场(kauppa tori)很近,与非常著名的白教堂就隔着国家图书馆。这栋楼并不属于赫尔辛基大学法学院,而是被法学院租用的。随着欧洲债务危机带来诸多经济问题,政府对大学的财政支持也开始缩减,赫尔辛基大学法学院近年来开始和可持续发展研究所共用一个楼。学院中甚至一度传言要和市中心校区的其他院系合并成人文社科学院。所幸目前法学院的7层楼还保留着。这栋楼1楼是教室和大厅,2楼是食堂和可持续发展研究院,3~6楼是行政,7楼是教室,另外3~6楼也有一些零星的教室。总体分布上,3楼行政办公室居多,4楼主要是民商法教室,5楼主要是刑法、法理和法史的教室,6楼是国际法和宪法等专业的教室。总体而言,赫尔辛基大学法学院是一个很小的法学院。

赫尔辛基大学法学院的研究和教学也体现了务实。芬兰的刑法受德国影响,但是民法和英国的联系最为紧密,法理也和英美联系紧密。这些影响因素在极大程度上取决于特定历史时期的法律实践的需求。

赫尔辛基大学的国际法有自己的研究所,命名为埃里克·卡斯特伦国际法与国际人权法研究所(Erik Castrén Institute of International Law and Human Rights)。埃里克·卡斯特伦(Erik Castrén)是1945年至1967年之间国际法教授。研究所在国际范围内产生影响力也是1990年之后的事情。

本文我分享一下这个“老学校”的学制。进入赫尔辛基大学需要参加全国范围内的大学入学考试,赫尔辛基大学法学院的本科录取率是5%~10%,是在芬兰属于非常难考的学校。因为芬兰很注重培养个体独立自主的意识,成年以后家长也基本不会对孩子有大的经济上的支持,因此有一些有志于考取法学院的学生,往往会在没有考上法学院后,一边工作一边复习,第二年继续参加考试。半工半读的习惯会延续到他们的大学时期,很多学生在学习之余也在实习甚至工作。

进入赫尔辛基大学法学院后,学生可以4年本科毕业,也可以3年本科后转硕士,“3+2”硕士毕业。一般而言,绝大多数学生会选择“3+2”硕士毕业。因为赫尔辛基大学是公立大学,所以对芬兰人学费全免。在很长一段时间里,只要来芬兰上学都是免学费的。但是前几年开始,赫尔辛基大学法学院也创设了收取学费的硕士项目,对于非欧盟国家的留学生开始收取学费。虽然在绝大多数情况下,学费也会以奖学金的形式减免,而且学费相对美国和英国的法律专业硕士学位还是便宜了不少,但是这背后体现出来的大学更加“商业化”的运作,还是受到了不少诟病。目前,这一收取非欧盟国家留学生学费的项目进展也并不顺利。诚然,美国和英国的法律专业硕士学位能够取得成功,是因为读取以后能够在诸多实践英国法或美国法的地区进行法律实务工作;在芬兰学习英语专业的硕士项目,除了从事学术工作,出路还是少了一些。

赫尔辛基大学法学院的课程,一个学期一般是 10 次,每次课程时间与学分有关,几个学分的课就是几个小时。10 次课程可以在几周或者一个月的时间内集中上完,这样一方面学生可以有更多时间去实习和工作——很多芬兰学生在本科阶段就自食其力了;另一方面,教师也有更多时间可以安排自己的学术研究工作。课程设置方面,除了必修课程,选修课程由教师自主开设,尤其是可以结合自己的研究工作开设课程。比如我在博士的不同阶段,结合我自己的研究重点,开设了国际法基本理论、国际金融法、国际法写作等课程。这也是值得一提的——赫尔辛基大学法学院将博士生也视为教员(faculty)。这是因为,正式的终身职位有限,一般来说一个专业只有一个终身职位教授,只有在上一任教授退休后,新一任教授才会被聘用(聘用的可以是助理教授、副教授或者教授),而终身职位的教授往往会把大多数精力放在科研上。因此,学院会通过两种方法解决教学工作量的问题。第一,聘请专门的讲师。讲师属于固定期限合同岗位,在合同期限内,需要大量上课——讲师的课时量是非常惊人的。第二,全面调动博士后和博士,由博士后和博士承担大量教学工作。这一做法的前提是,学科需要对自己的教学效果负责,由学科负责人判断博士是否能够承担教学工作,而且每年招收的博士数量极少。博士生开设课程可以是研讨会,也可以是讲授课程。这一做法的好处是,博士和博士后能够结合自己的研究内容开课,也能积攒教学经验。我在博士期间,有 4 年参与了教学工作,讲授了 5 门课程,讲授内容对于我的思考和写作有很大帮助。

□ 博士生培养

赫尔辛基大学的博士培养很有特色。博士项目分为四类,一是学院支付工资的博士,这一类博士算作学院的教职人员(faculty member),不仅享有社保等福利,而且能够参与学院行政工作。工资待遇也较高,只比教授低1/3或者更少。二是科研项目招募的博士,这一类博士由教授个人招聘,由教授负责解决工资问题。三是自带项目资金的博士,比如留学基金委资助,或者芬兰自然基金会资助。在芬兰,这一类基金会很多,往往有志于学术研究的学生都能申请到资助,只是资助时间不等,短的3个月,长的4年甚至更多。四是自费的博士,自己有钱有闲,读个博士。这几类博士也可以"互转"。在开课方面,第一类博士有义务开设课程,其他三类博士课程开设的情况由个人和导师共同决定。第一类和第二类博士生配有办公室,两人一间,和教授办公室在一起——也从侧面反映了大家都是教职成员。第三类可以申请获得办公室。

在博士生培养方面,相较美国或者英国有较长国际博士生培养实践的高校,赫尔辛基大学并没有一个统一的培养模式。一方面,国际博士生是近十几年才多起来的,芬兰本国的博士生在本科和硕士阶段都耳濡目染掌握了一些攻读博士学位需要的能力和技巧,基于历史原因,之前并没有设计博士生培养模式的必要。另一方面,与在英美等国读取博士学位不同,在芬兰做博士是一份工作。这也就意味着,导师和博士生之间是平等的工作合作关系,而不是教师和学生的关系。在赫尔辛基大学法学院,有一个说法是,博士培养模式是导师跟博士生说,"隔壁楼是图书馆,我们六年后见"。虽然并不是每一个博士导师都是这样,但是这能大致描述赫尔辛基大学法学院博士生培养的现状。这也是为什么,在博士申请阶段,博士生就需要有自己明确的研究兴趣、方法和计划,导师不会花费精力从零到一地指导学生,而是期待学生可以自主完成研究。虽然学院给所有博士生设置了博士生必修课程,但是课程大都可以通过参加国际会议等方式减免。

坦白讲,这样一个培养体系对当下的北京大学博士培养并不合适。在芬兰,入读博士时,一般都已经有一定的学术或者工作经验。所有的博士同学都有一定年纪,把“博士”作为一份工作去做,而不是去“学习”。这就意味着,博士能不能毕业,学院和导师都不在乎——不需要保证毕业。如果实在无法毕业,但是能够完成一些研究工作,那么会发一个副博士学位(Licentiate Degree)。拿了这个学位以后,过几年还可以回来,继续读博士,拿到法律博士(Doctor of Law)的学位。这也是为什么博士在读10年以上的大有人在。导师只要觉得博士的研究不合格,没有义务帮助博士毕业。中国的博士阶段依然被视为教育的一部分,虽然有国家奖学金等各种经济上的补助,但可能是基于观点的原因,还是没有将其视为一份工作。作为教育的博士研究和作为工作的博士研究,区别是很大的。

此外,赫尔辛基大学法学院的博士项目,也有让年轻人提前适应学术界艰辛的作用。学院支付工资的博士生极少,所有学科每年一共只有0~4个;教授招聘的人数也不多,而且需要根据教授的项目调整。绝大多数博士生都是自己带着研究经费的,而且这些研究经费提供的时间往往只有1年或者2年,有的甚至只有几个月。这就意味着,在开始读博之前,就需要自己申请课题经费,等1、2年过去后,还需要再申请课题经费。大家也总是说,博士生阶段都在申请经费和申请失败的循环之中。在芬兰乃至整个欧洲的学术就业环境中,博士毕业后很长一段时间内也是以类似的方式寻找研究经费。

■ 结语

芬兰的博士毕业有极其特殊的仪式。第一,博士答辩是面向社会公开的,学校会提前把答辩信息通过各种渠道公布,吸引对所涉问题感兴趣的社会各界人士参加。第二,答辩由导师主持,一方是博士候选人,另一方是国内外的一位或数位知名学者作为博士生的“对手”(opponent),导师在中间,博士候选人和对手分立两侧。答辩类似决斗,势必要用言语分出个“你死我活”——这也是为什么答辩通过,获得博士学位后,学生除了会获得一个具有芬兰特色的"博士帽",[1]还会获得一把剑,象征着通过了"决斗"。第三,除了白天答辩通过后的蛋糕和咖啡庆祝,晚上还会组织一个"卡荣卡"(Karonkka)——一个邀请所有亲朋好友和同事,庆祝获得博士学位的"高端"晚宴。之所以说"高端",是因为卡荣卡有严格的穿着标准,男性必须是西服甚至是燕尾服,女性必须是晚礼服;宴会餐饮一般也按照传统欧式标准准备。想象一下,在邀请了父母、兄弟姐妹、幼时好友、大学朋友、博士同学、导师和所有老师的重大场合,大家齐聚一堂,盛装出席,共同庆祝你获得了博士学位。有的博士生会承包一整个礼堂,用来办卡荣卡。小范围的卡荣卡则是包下来一个餐厅,用一个晚上的时间,与亲友共同庆祝。大学工作的芬兰同事说,人生有两个最重要的场合,一是婚礼,二是卡荣卡。

卡荣卡的氛围是愉悦的,但也是严肃的。在主菜之后、甜点之前,通过博士答辩的人会起身,依次感谢对自己完成博士研究提供了帮助的人,仔细讲述每个人如何帮助了自己;每个被感谢的人则会依次回应。读取博士学位并不容易,最后的庆祝也就愈加真诚,以泪洒面的场景并不少见。

用卡荣卡结束这场讲座,我是想强调赫尔辛基大学博士培养的特殊性。分享赫尔辛基的博士生培养,分享我对"赫尔辛基学派"的观察,归根结底是要对我们的国际法学研究和国际法专业博士生培养有所益处。但是,芬兰和赫尔辛基大学有其特殊性,我们不能简单地横向比较。通过介绍赫尔辛基大学博士生培养的情况,分享我对"赫尔辛基学派"的观察,我希望能够引起一些对中国国际法学者热衷于赫尔辛基学派现象的反思;通过反思,或许对我们的国际法学研究有所启发。随着国际局势的变化和中国扮演国际角色的变化,我国从过去学习国际法律规则、掌握规则、运用规则,到今天为挑战不公正、不合理的国际秩序提供智力支持,提出破局之策。过去十多年的时间里,我国国际法学者"拥抱批判",拥抱赫尔辛基学派,为引领中国国际法学理论创新迈出了扎实一步。现在,或许有必要"超越批判",进一

[1] 值得一提的是,"帽子"在芬兰有着极其特殊的含义。高中毕业以后,每个人会获得一个小白帽。芬兰人会把自己的小白帽一直保留,并且在每年固定的日期拿出来,戴在头上,去市区参加全国庆祝高中生毕业的集体活动。博士的帽子是按照每个人的头型量身定做的,样式类似魔术师帽。

步思考,我们需要什么样的国际法教学和科研工作。

提问与讨论

问:判断一个学派是否成立的重要标准在于特定研究范式与理论是否有学术上的传承人,那么国际法领域的“赫尔辛基学派”在未来是否能够继续传承下去?

答:“赫尔辛基学派”的提法其实并不严谨,尽管学术界有这种提法,但是更多是对于科斯肯涅米学术贡献的肯定。在英语学界,使用这一提法的目的一般是获得学术身份认同,降低认知成本;而在中文学界,这一提法更多代表着一种特定的国际法学研究方法。我们不应该纠结于这一学派本身,而是应该在需要的时候使用这一提法,以及在处理我们国家面临的国际法律问题时从中汲取有用的思路和方法。

至于一个学派能否传下去,或许这也不是一个有价值的问题。学派传承有很多个人的、偶然的因素,更重要的是其也和具体的政治经济背景有关。我们关注的或许不是学派的传承,而是每个人在处理具体国际法律问题中的贡献。

问:科斯肯涅米本人如何看待“赫尔辛基学派”这一概念:

答:我反对将科斯肯涅米神话,学界关于学派的讨论更多的是添加在学者身上的标签。

问:“纽黑文学派”可以说是美国现实主义法律运动在国际法领域的投射,那么科斯肯涅米的批判法理论与美国国内法上的批判法学以及北欧的法律现实主义法律运动间有什么关系?

答:北欧是有批判理论和批判法学传统的,但是并不能用线性思维考虑北欧的批判传统、美国的批判法学运动以及科斯肯涅米的思想。首先,虽然包括霍姆斯在内的美国现实主义法律思想家是在非常美国的情境下提出的现实主义观点,但是包括现实主义法律运动、法律与社会、法律与经济、批判法学、种族批判等在内的后续法律运动,或多或少在思想上都受到以“法兰克福学派”以及其智力渊源和后人，以及其他欧洲思想家的影响。其次，北欧批判理论和批判法学在智力渊源上与“法兰克福学派”以及欧洲本土的思想家们也有密切联系。因此，线性的思考流派之间的关系或许并不合适。

问：芬兰在国内法律制度上主要继受大陆法系的传统，但其刑法上的日额罚金制度又在一定程度上影响着德、法等国的法律实践，芬兰在法律制度上的创新是否与其独特的社会文化传统有关？

答：日额罚金制度的设立与芬兰平等务实的社会管理理念是有关系的，这一制度有效运转的前提是建立公开透明的财产公示制度。比如，个人收入的数据，在网上都是清晰可查的。而这对于促进社会公平、保障刑罚执行的有效性至关重要。

其他老师指出：“赫尔辛基学派”以及批判国际法学理论对于我国探索国际法理论创新具有重要价值，能够在对近代以来“西方中心主义”的国际法话语进行系统批判的基础上展开关于公平、合理的国际法秩序的再想象。

环境法教学的美国经验：领域法学的视角

吴凯杰

吴凯杰

北京大学法学院助理教授，北京大学资源、能源与环境法研究中心研究员。中国人民大学法学博士，美国密歇根大学法律科学博士（SJD）、法学硕士（LLM），美国佛蒙特法学院环境法学硕士（LLM）。主要研究领域为环境法基础理论、自然保护地法、环境公益诉讼等。曾在《法学研究》《法学》《法制与社会发展》《环球法律评论》《东方法学》《中国人民大学学报》以及*Journal of Environmental Law*、*Environmental Impact Assessment Review*、*Natural Resources Journal*等CSSCI、SSCI刊物发表论文20余篇，并有多篇论文被中国人民大学复印报刊资料全文转载。曾获中国法学会环境资源法学研究会2019年年会优秀论文一等奖、中国环境科学学会环境法分会第七届励青环境法学奖一等奖等荣誉。

2023 年 5 月 12 日中午,北京大学法学院教学沙龙 2023 年第三期“环境法教学的美国经验:领域法学的视角”在凯原楼 307 会议室举行。

引言

本文将谈谈美国的环境法教学。我国一直以来重视环境法学教育,早在 20 世纪 90 年代就把环境与资源保护法学确立为独立的法学二级学科。虽然学科的独立地位无疑,但其属性一直未定。近年来,环境法学的领域法学属性日益获得共识。环境法教师大都认为环境法学具有鲜明的实践性,[1]但法学本身就是应用学科,民法学、刑法学等传统部门法学也强调实践性。那么,环境法的实践性特色体现在什么地方?一方面,区别于传统的部门法,环境法学是问题导向的领域法学。另一方面,环境法学是在传统部门法学基础上进行改革与创新的前沿学科,环境法教学同样位于法学教育的前沿,为许多新型教学理念与方法提供了试验场域。[2]

美国法学院的环境法教学同样具有深厚的积淀。在 20 世纪 80 年代初,美国法学院协会的 109 个成员法学院就已开设环境法课程。[3] 目前大部分美国法学院都有专门的环境法教研组织、数名专职的环境法教师,如哈佛大学、耶鲁大学、加利福尼亚大学伯克利分校、密歇根大学法学院基本都有四五名长聘制(tenured)或长聘轨(tenure - track)的环境法教师,数量不等的法律诊所教师与兼职教师。还有的法学院主打环境法项目,如佛蒙特法学院提供超过 50 门不同的环境法课程。美国法学界一直把环境法作为独立的法律领域来看待,认为环境法教学具备不同于传统法学课程的特点,

〔1〕 参见吕忠梅:《理性而充满诗意的旅程(代序)》,载竺效主编:《环境法教学与人才培养论文集》,法律出版社 2019 年版,第 3 页。

〔2〕 See Amanda Kennedy et al. , *Teaching and Learning in Environmental Law: Pedagogy, Methodology and Best Practice*, Edward Elgar, 2021, p. 2.

〔3〕 See Joel A. Mintz, *Teaching Environmental Law: Some Observations on Curriculum and Materials*, 33 Journal of Legal Education 94(1983).

并且在教学理念与方法上进行了创新。此举值得我国参考借鉴。

我要分享的内容主要分为三部分:一是作为领域法学的环境法学及其教学挑战,二是适应领域法学特征的美国环境法教学创新,三是美国环境法教学创新对我国的启示。

■ 作为领域法学的环境法学及其教学挑战

教学方法需要适应教学内容。美国法学院的核心课程主要是普通法课程,普通法主要由判例构成、面向司法裁判。而作为领域法学,环境法具有以成文法为主、面向行政过程、融合跨学科知识等特点,因此需要与之相适应的教学方法。

□ 环境法学的领域法学特征

环境法学的领域法学特征主要体现在三个方面。第一,广源规范性,即环境法由大量分散、边界模糊、不断变化、不同形式的成文法构成。[1] 在当下的中国,环境法仅法律就有 30 余部,在不同部门主导下制定于不同历史时期。环境法的边界模糊,核心是环境影响评价等基本制度,以及污染防治、自然生态保护等领域的环境立法。外围则是能源法、自然资源法、公共卫生法、农业法、食品安全法、文物保护法等相关领域法,以及行政法、民法、刑法、诉讼法等相关部门法的环境保护规范。这个模糊的边界还在不断变化之中,如气候变化问题正在引领环境法体系的变革。在存在形式上,环境立法不只是立法机关制定的法律,还包括大量的行政规则与司法解释。

第二,多元场域性,即处理司法诉讼只是环境法实务工作的一小部分,更多的是解读各类法规文件、与立法机关和行政机关互动、为企业合规提供建议。在美国,环境法的制定和实施不仅涉及国会与州立法机关,还涉及总统、联邦环保署、内政部、白宫管理和预算办公室、美国陆军工程兵团、州政府及其环保部门等行政部门。在《环境法实务:提升技能的问题与练习》

---

〔1〕 See Joel A. Mintz, *Teaching Environmental Law: Some Observations on Curriculum and Materials*, 33 Journal of Legal Education 94(1983).

(*Environmental Law Practice*: *Problems and Exercises for Skills Development*)一书中，作者把环境法实务概括为合规、诉讼、执法、政策四个业务领域，学生需把自己放在相应的业务领域中思考问题。如在环境合规方面，该书提供了一个关于家具生产商的案例，学生需要站在企业的立场上，思考如何在扩大生产规模的同时符合大气污染防治的有关规定。[1]

第三，跨学科性，处理环境法律问题需要不同法律领域乃至不同自然科学、社会科学的知识。环境法问题涉及的事实判断十分复杂，需要环境科学、生态学、经济学、社会学、政治学等多学科知识。法律专业人士需要与其他专业领域的人士合作，环境法律师不仅需要必要的跨学科知识，也需要掌握跨专业合作能力。

□ 传统教学方法面临的挑战

环境法学的领域法学特征给传统的教学方法带来了挑战。美国的传统教学方法主要是朗代尔式的案例教学法，起源于19世纪90年代哈佛大学法学院院长克里斯托弗·哥伦布·朗代尔。简而言之，案例教学法指引学生研究上诉法官发表的意见，利用它们来辨别法律本身的演变、衍生和意义，进而内化创造、挑战、解释和应用法律的方法。案例教学法通过对上诉意见的仔细分析来教育学生，而这种思想过程是法律职业的核心。这意味着，教授们利用上诉法官的判决，不仅向学生展示法律是什么，而且还展示它是如何发展形成的。上诉意见向学生展示了法官是如何解释成文法的，而且由于先例对法院裁判的约束力，这些意见可以告诉我们法官会如何理解类似的法规或事实。

美国的环境法教授也使用案例教学法来教授环境法，但他们认为这并不足以应对以成文法与行政规则为主的环境法体系。通过普通法课程的学习，美国法学院的学生学会了如何给司法判例做简报、如何通过比较案件与判例的事实来得出法律结论，以及如何写出发现问题或分析问题的考试答案。但是，环境法的主体不是判例法，而是大量、复杂、分散的成文法与行政

---

〔1〕 See Jerry Anderson & Dennis Hirsch, *Environmental Law Practice*: *Problems and Exercises for Skills Development*, Carolina Academic Press, 2010, p. 3.

规则。即使已经修过行政法等课程,学生们依然会感到不知所措。税法、破产法等其他以成文法为主的课程没有环境法课程那么混乱,没有如此多的、内容各异的法规。美国《清洁空气法》本身的复杂性就足以与税法相媲美,更别提《清洁水法》,以及《国家环境政策法》《资源保存与恢复法》《有毒物质控制法》《濒危物种法》等。

传统教学方法面临的挑战还来自环境法的动态性,环境法随时可能因为相关学科的新发现而发生深刻变化。全面学习环境法领域的所有内容不适应环境法的动态性,也没有必要。例如,应对气候变化是当下美国环境法的前沿问题。美国学者 Michael Robinson – Dorn 认为气候变化是环境法的现在与未来,主张在环境法教学中聚焦气候变化,培养能够解决时代性问题的人才。[1] 气候变化对环境法的影响不只是增加一些法律规则,而是对既有的环境法规则进行整体性更新。面对不断更新的环境法领域,掌握方法技能比熟悉既有规则更加重要。

■ 适应领域法学特征的美国环境法教学创新

为了适应领域法学特征,美国的环境法教学具有不同于普通法教学的创新之处,主要体现在教学目标、课程体系、教学方法等方面。

□ 教学目标:从知识到方法,从广度到深度

在教学目标上,美国环境法教学的创新主要体现在两方面。

首先是从单纯传授知识到训练思维方法的转变。在一学期的环境法课程中不可能、也不必涵盖环境法的所有内容,而应在介绍环境法基本原理与体系的基础上,通过深入学习关键制度训练思维方法。思维方法训练不仅可以提供对特定环境法内容及其运行背景的足够了解,而且可以用于应对不熟悉的环境法问题。方法训练的核心是让学生理解环境法从何而来,由什么构成,以及如何寻找、理解与适用环境法。比如,学习《清洁空气法》的

---

〔1〕 See Michael Robinson – Dorn, *Teaching Environmental Law in the Era of Climate Change: A Few Whats, Whys, and Hows*, 82 Washington Law Review 619(2007).

大气污染排放许可制度,不只关注许可规则本身,也包括行政机关如何通过行政立法、政策、指导性文件、行政决定解释与发展许可制度,以及法院如何通过司法裁判解释许可制度。

其次是从关注广度到关注深度。美国法学院的基础核心课程以全面涵盖特定法律部门的知识体系为主。但若在环境法教学中采用这种教学理念,学生将会迷失在庞大、复杂的法律规则网络之中,难以得知环境法的实际运作。为此,美国环境法教学从学习纸面上的法律制度转向了解制度的实施情况与有效性,包括政治、经济、可持续发展等因素如何影响环境法的制定与实施。了解制度的实施情况需评估监管者和受监管者在多大程度上遵守法定义务,以及行政执法、公民诉讼等实施机制的适用情况。了解制度的有效性则是评估特定环境立法是否有效解决环境问题,是否实现其既定目标。[1] 在我国,汪劲教授的《环保法治三十年:我们成功了吗?》就是这方面的代表性作品,在美国也有很多关于环境法实施情况及其有效性的实证研究,并且被引入教学知识体系之中。

□ 课程体系:基础课程与高阶课程有机组合

在课程体系上,美国环境法教学也进行了相应的创新,可分基础环境法课程与高阶环境法课程来介绍。

基础环境法课程一般面向高年级法律博士(Juris Doctor,以下简称 JD)学生,包含环境伦理与政策概述、环境法的普通法根基、相关宪法与行政法规则、规制手段与程序,以及三到四部主要的联邦环境法等内容。[2] 其中,学习普通法侵权制度的重点在于了解普通法如何在以行政规制为主的现代环境立法发展之前应对环境问题,及其作为单一应对手段的局限性。联邦环境法则以主要污染防治立法为主,至多再纳入《濒危物种法》。在学习各部联邦环境立法时,都涉及一些关系环境法领域整体乃至更广泛的行政规

---

〔1〕 See Amanda Kennedy et al., *Teaching and Learning in Environmental Law: Pedagogy, Methodology and Best Practice*, Edward Elgar, 2021, p. 13.

〔2〕 See Heidi Gorovitz Robertson, *Strategies and Techniques for Teaching Environmental Law*, Wolters Kluwer, 2021, p. 36.

制领域的重要问题。如《清洁空气法》在联邦与州政府关系上采取合作联邦主义,联邦环境保护署负责对特定污染物设定环境质量目标,授权州政府制订实施计划来落实目标。《清洁水法》可用于讨论规制手段选择问题,如采用绩效标准还是行为标准。《国家环境政策法》则涉及公众参与问题,如何保障公众知情权与参与权,并且避免决策遭受不必要的拖延。《资源保存与恢复法》则可训练法律解释能力,如分析固体废物与危险废物这一对法律概念的区别。《濒危物种法》则涉及综合生态系统管理、适应性管理等生态学原理在环境法中的运用。

是否把基础环境法课程纳入 JD 学生的第一年必修课之中曾引发争论。支持者的重要理由主要是适应成文法的发展,借助环境法领域训练相应的思维方法与技能。JD 学生的第一年课程主要包括宪法、刑法、民事程序、合同法、侵权法、财产法等,关注判例、采用朗代尔式的案例教学法,已不适应充斥大量成文法的社会现实。[1] 朗代尔式的案例教学法是训练法律专业核心技能的重要方法,但主要局限于司法诉讼,而环境法课程可以让学生了解立法机关、行政机关与法院多方互动的复杂过程。[2] 目前虽然少有法学院把环境法纳入 JD 的一年级必修课程,但许多法学院已经纳入了立法与规制(Legislation and Regulation)、规制国(Regulatory State)等课程,前述环境法引发的争论功不可没。如哥伦比亚大学法学院开设的规制国课程主要借助环境法领域来探讨立法与行政规则的解释技能。

在基础环境法课程之外,大部分美国法学院至少开设自然资源法与国际环境法课程,部分环境法师资力量强劲的法学院还会开设更多的高阶环境法课程。开设高阶环境法课程是必要的,一是因为基础环境法课程的广度不足需要补足,二是进一步拓展深度思考法律制度背后的价值判断与政策工具选择问题。高阶环境法课程主要包括三类。

第一类是深入关注特定领域、探讨特定问题的专题类课程,此类课程占

---

〔1〕 See A. Dan Tarlock, *Current Trends in the Development of an Environmental Curriculum*, in Malcolm F. Baldwin & James K. Paige eds., Law and the Environment 297, Conservation Foundation, 1970, p. 303.

〔2〕 See Heidi Gorovitz Robertson, *Strategies and Techniques for Teaching Environmental Law*, Wolters Kluwer, 2021, p. 247.

环境法课程体系的多数,并且随着环境法理论和实践的持续发展,还在不断增加之中。课程的主要目的是解决基础环境法课程广度不足的缺陷。比如密歇根大学法学院开设的环境犯罪(Environmental Crime)、环境正义(Environmental Justice)、超级基金法诉讼和实践(CERCLA Litigation and Practice)、能源法与气候变化政策(Energy Law and Climate Change Policy)、水法(Water Law)、野生动物法(Wildlife Law)等课程。

第二类是学术研究类课程。加利福尼亚大学伯克利分校法学院常年开设两门环境法学术研究类课程:环境法写作研讨课和环境法论坛。在环境法写作研讨课上,选课学生需要在授课教师的指导下,学习论文选题、构思、论证等研究方法和写作方法,完成和修改一篇环境法论文,在课堂上报告论文成果,接受指导教师的审阅和同学的互评,并最终有机会将论文发表在法学院出版的《生态法季刊》的专栏上。在环境法论坛上,选课学生的角色由学术创作者转换为了学术评论者。授课教师将邀请数位知名环境法学者或环境法学界的后起之秀来报告他们最新的研究成果,学生们需要在阅读论文和聆听报告后提供书面评论,并在课堂上参与讨论。

第三类是实务类课程。学术研究类课程对有志于到法学院任教的学生具有极高的吸引力,实务技能类课程则是打算从事环境法实务的学生们的首选。在各种实务技能类课程中,环境法律诊所是毫无疑问的核心。若论环境法律诊所的数量规模和多样化程度,佛蒙特法学院等专攻型法学院无疑更胜一筹。除大多数法学院都会开设的环境法诊所之外,佛蒙特法学院还长期开设环境正义诊所、能源法诊所、土地利用法诊所、食品和农业法诊所等专注于特定领域、特定问题的法律诊所。除环境法律诊所之外,还有其他类型的课程旨在培养学生的实务技能。比如,哥伦比亚大学法学院专门开设了环境法模拟法庭课程,培养学生的法律文书写作水平和口头辩护技巧,最终遴选一支队伍参加每年由佩斯大学法学院主办的全国环境法模拟法庭竞赛。密歇根大学法学院开设的环境与行政法研讨课带领学生深入环境法实践运行的细节,研读联邦和州环境行政机关的行政决定文书,以及环境行政执法者行使裁量权力的真实情境,学生们将通过参加模拟环境行政案件听证会来印证所学。

□ 教学方法:以问题导向的案例研习为重心

在教学方法上,美国法学院在环境法课程上创新地使用问题导向的案例研习教学法。不同于规则导向的案例研习,问题导向的案例研习是指引入政府、企业、公众可能面对的真实情境与问题,学生不仅要回答是否合法的问题,更要考虑在合法前提下的最优策略问题。[1] 政府、企业、公众可能面对的真实情境与问题,如生产制造企业如何处理特定类型与数量的危险废物,涉及的制度与规则只是庞大的环境法体系的一小部分,但可窥一斑而知全豹。由此获得的方法与技能训练具备深度、给学生留下深刻印象,可适用于学生处理同类问题。

从 1997 年开始,斯坦福大学法学院的环境资源法与政策项目就开发了一系列的情境式案例研习资料,涵盖濒危物种保护、环境正义、森林、土地利用规划、海洋与渔业、有毒废物、水量分配与质量等重要议题。这些案例资料介绍了现实生活中的事件,并要求学生识别和分析相关的法律、社会、商业、伦理和科学问题。学生们在案例研究中扮演为面临危险废物问题的生物技术公司提供咨询的私人律师,或负责制订有效渔业管理计划的联邦官员,寻求冲突的可行解决方案,然后在课堂上讨论和辩论他们的建议。这种互动式的学习方法有助于学生获得关键领域的技能:事实调查、法律研究、咨询、有说服力的口头交流,以及识别和解决道德困境等。

美国的大部分环境法教师按照不同环境立法来组织案例研习,也有部分教师通过长篇幅、多问题的案例来引出环境立法。比如,Heidi Gorovitz Robertson 教授在《环境法教学的战略与技巧》一书中提到,她在课堂上通过三个案例来组织相关环境立法的学习,其中每个案例都涉及多部环境立法,如第一个案例涉及一个叫"Egg World"的养鸡场的环境问题,养鸡场在养殖过程中会产生大气污染、水污染、固体废物污染,养鸡场的建设需要环境影响评价,因而会引出多部联邦与州环境立法的规则与问题。

在课堂之外,环境法律诊所、环境法实习、技能实验室、模拟的超级课

---

〔1〕 See Heidi Gorovitz Robertson, *Strategies and Techniques for Teaching Environmental Law*, Wolters Kluwer, 2021, p. 260.

程、环境法模拟法庭等教学方式提供了额外的学习机会。其中,环境法律诊所最为普遍,以密歇根大学法学院的环境法与可持续发展诊所为例。"无论对环境法职业的兴趣程度如何,学生都会发展出可应用于广泛领域的技能和知识领域。多样化的案例使学生能够参与审判和上诉诉讼,提交对拟议规则和许可证的意见,撰写支持政策制定的意见书和报告,进行现场演讲,发表博客文章,评估和起草拟议立法,并为专栏文章和新闻发布作出贡献。"近期诊所工作的亮点包括:一份关于石油管道和濒危物种的联邦上诉状;气候变化诉讼中的法庭之友简报;一份关于基于收入的水费征收规则的合法性的报告;一份关于环境正义政策的评论。新的教学方式也需要引入跨学科的教学团队。如哥伦比亚大学法学院在20世纪80年代开设的"噪音污染的法律问题"(Legal Aspects of Noise Pollution)课程就作出了这方面的尝试。[1]

■ 美国环境法教学创新的启示

作为领域法,环境法具有广源规范、多元场域、跨学科性等特点,美国环境法教学基于这些特点进行了创新,值得我国参考。但同样需要意识到的是,中美的法学教育方式存在差异。在美国案例教学法早已成主流,而我国的法学教育长期以来主要采用讲授式的教学方式,注重知识体系的完整性与全面性,近年来才逐渐加强案例教学的比重。为此,在参考美国经验时需要充分结合本土现状,尝试提出几点启示。

□ 环境法案例教学的领域法路径

在环境法教学中,需要深入环境法学分论,增加案例教学的比重,如基础环境法课程可以用10个学时讲环境法的概念体系、基本原则与各主体的基本权利义务,之后尽快进入污染防治法等分论的讲述。环境法基本制度、法律责任等内容具有很重要的学理价值,目前主流环境法教材都将其置于

〔1〕 See Cyril M. Harris & Albert J. Rosenthal, *The Interdisciplinary Course in the Legal Aspects of Noise Pollution at Columbia University*, 31 Journal of Legal Education 128 (1981).

总论部分。但教材体系不同于教学体系。从教学的角度来看,只有深入大气、水污染防治等具体领域,并结合生动的案例,才能让学生掌握规则的理解与适用。

目前我国法学教育正在加强案例研习的比重,除了规则导向的案例研习,也可发展问题导向的案例研习。不只关注司法诉讼,也从政府、企业、公众视角思考环境法的理解与运用。模拟听证会是问题导向案例研习的重要形式。美国佩斯大学法学院的环境法项目长期位居全美前列,开设的"环境法技能与清洁水法"(Environmental Skills/Clean Water Act)课程已经有20余年历史。[1] 该课程采用"角色扮演"的教学方式,让学生们分别扮演立法机关、行政机关、法院、环保组织、企业等不同角色。学生们从各自角色立场出发,在教师主持的模拟听证会上,对拟议的水污染防治行政规则作出评论,并参与后续的最终规则发布与司法审查环节。[2]

中国环境法治实践走到现在,已经为教学提供了许多影响广泛、公众关注度高且具备讨论空间的案例,在北京就有机动车单双号限行规则,以及地铁过北京大学案等。即使有些案例没有进入司法诉讼程序,但只要体现真实世界中环境纠纷解决的真实样态,通过官方发布与媒体报道可以获得充分的事实资料,就可以作为开展模拟听证会的基础。[3] 目前北京大学环境法学科受托主持与参与的科研项目、案件论证也为研究生提供了更多学习机会,不仅有来自司法机关的委托,还有来自立法机关、行政机关、企业的委托,可考虑总结经验,开发案例研讨课程。

□ 缩减基础环境法课程的内容范围

在有限的教学时间内,要追求教学内容的深度,必须控制教学内容的广

---

〔1〕 See Karl S. Coplan, *Teaching Substantive Environmental Law and Practice Skills through Interest Group Role - Playing*, 18 Vermont Journal of Environmental Law 194(2016).

〔2〕 参见王惠诗涵:《通过利益相关方角色扮演模式培养环境法律人才的实践技能——以佩斯大学法学院"Environmental Skills"课程为借鉴》,载竺效主编:《环境法教学与人才培养论文集》,法律出版社2019年版,第245页。

〔3〕 北京师范大学的严厚福老师在环境法课程中安排2学时举行模拟听证会,选取当年或近年实际发生过的环境纠纷案件作为讨论对象,如2018年6月的主题是"石家庄市核能供暖示范工程立项模拟听证会"。参见严厚福:《环境法学实践教学的尝试:模拟听证会》,载竺效主编:《环境法教学与人才培养论文集》,法律出版社2019年版,第233页。

度。由于我国环境立法的迅速发展,环境法的体量巨大且修改频繁,仅专门法律就有30多部,还有行政法规100多部,规章等规范性文件更是不计其数。目前我国的环境法教科书普遍追求大而全,导致篇幅很长,但止步于对法律规定的浅显介绍。我最近参与了一本2014年初次出版的环境法教科书的修改工作,感触很深,需修改篇幅达到50%。尤其是本书的分论部分,由于2014年后环境单行法的大量制定与修改,基本上都要修改。

参考美国环境法教学经验,我国环境法教材的编写建议在概述环境法的概念与原理、整体介绍环境法体系结构的前提下,仅就部分具有代表性的内容进行深度阐述,如污染防治法方面可以把大气、水、固废污染防治法作为重点,自然生态保护法则将野生动物保护、自然保护地法作为重点。教师提示不同领域规则的共性与差异,并结合不同领域的特点分析差异的成因,学生可以触类旁通环境法的解释方法,环境标准、环境许可等规制工具,以及环境公益诉讼等共通性内容。

□ 完善环境法领域课程体系

基础环境法课程注重深度,不得不牺牲广度,高阶环境法课程则需补足广度,以满足对环境法感兴趣的学生们。当下我国环境法的范围不断拓展,从传统的污染防治法、自然资源保护法拓展至生态保护法、应对气候变化法等,高阶环境法课程体系也需要相应地拓展。

北京大学环境法学科一直以来开设环境法总论、环境污染防治法专题、自然资源法、生态保护法、能源法、国际环境法等高阶环境法课程。不仅旨在补足知识的广度,也继续增进知识的深度,如环境法总论注重法学方法论的研习,环境污染防治法则以比较研究与案例研究方法为重点。此外,北京大学还在近些年开设了"核法律与政策概论"课程,面向全校本科生和硕士生,进一步拓展了课程覆盖主题的广度。对比美国的高阶环境法课程体系,北京大学的专题类课程已经不少,但还可进一步考虑增加气候变化法、碳中和法等新兴内容。在此基础上,需要重点加强环境法论文写作等学术研究类课程设置,以及环境法律诊所等实务技能类课程设置。

最后,值得注意的是美国丰富的环境法课程体系与强大、多元的环境法师资构成密切相关。美国法学院的环境法师资一般包括三个序列:教学科研序列,也就是常说的"长聘序列",以及诊所教学序列、兼职教授序列。以密歇根大学为例,根据官网介绍,2022～2023学年环境法项目共有9位教师,其中教学科研序列有6位教师、诊所教学序列有1位教师、兼职教授序列有2位教师。[1] 教学科研序列中包括教授(来自实践)(Professor From Practice)[2],主要是那些在实务界成就斐然后回归校园任教的教授,比如项目主任David Uhlmann教授就曾在美国司法部工作近20年,曾担任环境犯罪处的负责人,后又被拜登政府任命为美国环保署的助理署长,负责环境执法部门。Nina Mendelson教授是传统教学科研教授的代表,同时也教授行政法。兼职教授的聘请一般旨在补强长聘师资的短板,如Howard Learner教授是一个非常有影响力的环保社会组织的负责人,致力于推动清洁能源的发展以应对气候变化问题,负责教授清洁能源与气候变化法课程。Andrew P. Buchsbaum讲师同样来自环保组织,长期从事五大湖保护工作,因此开设了以保护五大湖为重点的水法课程。

提问与讨论

问:在美国是否有学校将基础环境法课程纳入1L课程?

答:此问题存在相关的争论,但真正将基础环境法课程纳入1L课程的学校并不多。然而,相关争论也强调了环境法这门课程对于整个法学教育的意义。一是适应成文法的发展。1L课程主要包括宪法、刑法、民事程序、合同法、侵权法、财产法等,主要关注判例、采用朗代尔式的案例教学法,已不适应充斥大量成文法的社会现实。二是训练领域法学思维方法与技能。朗代尔式的案例教学法依然是训练法律专业核心技能的重要方法,但主要局限于司法诉讼,而环境法课程可以让学生了解立法机关、行政机关与法院

[1] 参见密歇根大学环境法项目介绍,https://michigan.law.umich.edu/academics/areas - interest/environmental - law。

[2] 此类教授从资深实务专家中遴选而来,而非只从事实践教学与研究。

多方互动的复杂过程。此次争论至少推动部分学校开设了规制类的相关课程，如哥伦比亚大学法学院就开设了“规制国”（Regulatory State）课程，主要借助环境法领域来探讨立法与行政规则的解释技能。

问：国内具有领域法特征的学科教学能否效仿美国环境法的教学模式，采取问题导向、多学科交叉的培养模式？

答：从制度层面上看，美国部分综合性大学的法学院与其他学院采取的联合培养模式通常由校方牵头，协调不同院之间的教学安排、师资配比以及费用分配等问题，而在国内，单单由法学院出面协调其他相关院系，设置“双硕士”或其他类似项目的难度较高。

其他老师指出：在美国顶尖的法学院，环境法课程之所以受到学生的欢迎，很大程度上是因为在美国，环境保护问题具有非常强的政治性，许多希望进入政界的学生都会通过学习环境法的课程，来熟悉当下的环境政策、两党就环境问题的争议点以及双方的论据。

德国法学院的法律史教育：历史与当下的观察

吴训祥

关于作者

吴训祥

北京大学法学院助理教授，先后在德国图宾根大学法学院获得法学硕士和法学博士学位，2021~2023年在北京大学法学院从事博士后研究工作。研究领域为罗马法、近代私法史、德国及欧洲法律史、中国民法学。主要讲授《外国法制史》《罗马法》等课程。

2023 年 5 月 18 日中午,北京大学法学院教学沙龙 2023 年第四期“德国法学院的法律史教育:历史与当下的观察”在凯原楼 307 会议室举行。

本文主要介绍德国法学院里的法律史教育。对于德国法学教育的情况,我主要从法律史教育这个细分领域,以我个人的学习经历的角度展开。

此处我想先介绍一下我所就读的图宾根大学。图宾根大学位于德国的西南地区,于 1477 年在中世纪欧洲大学兴起的浪潮中建立。同时,它是神圣罗马帝国德语区内的第 13 所大学,由符腾堡公爵艾伯哈德一世(Eberhard Ⅰ, 1445 ~ 1496 年)在其母亲梅希尔德 · 冯 · 法尔茨(Mechthild von der Pfalz, 1419 ~ 1482 年)的影响下建立,是当时符腾堡公国内唯一的大学。当然图宾根大学的建立也在欧洲教育史上留下了一段佳话,因为梅希尔德出身于海德堡大学的建立者鲁普雷希特一世(Ruprecht Ⅰ, 1309 ~ 1390 年)的家族。因为她本人也出生在海德堡,对大学的环境有着亲切感,这使她说服第二任丈夫阿尔伯雷西特六世(Albrecht Ⅵ, 1419 ~ 1482 年)建立弗莱堡大学。因此海德堡大学(1368 年)、弗莱堡大学(1457 年)和图宾根大学(1477 年)这 3 所德国西南地区的大学有着亲缘关系。图宾根大学在建校之初便开设了法学院,其法学院现为巴登—符腾堡州内的 5 所大学法学院之一(其他 4 所为海德堡大学、弗莱堡大学、曼海姆大学、康斯坦茨大学的法学院)。

本文主要分成两个部分,首先是考察法律史研究为什么会在德国出现,以及德国的法律史何以成为一个独立的学科。其次是德国的法律史学科从 19 世纪的产生到现在经历了哪些变化。其又细分为五个小节,一是法律史研究在德国的兴起,二是法律史成为德国法学院中的独立学科,三是在质疑与坚持之间的德国法律史教育,四是当代德国法学院中的法律史教育状况,五是德国法学院的法律史教育模式对我国可能存在的参考意义。

德国法律史学科的历史

法律史研究的兴起

首先要关注的问题,是法律史研究是如何在17~18世纪的德国兴起的。其最为重要的一个背景是中世纪西欧各国对罗马法的继受。11世纪下半叶,罗马法的文本《学说汇纂》(佛罗伦萨抄本)在意大利佛罗伦萨地区被重新发现。随着学者们对这一文本的不断研究,逐渐出现了注释法学派(1100~1250年)与评注法学派(1250~1500年)。这一时期中世纪西欧各国对罗马法的继受属于理论上的继受。到了16~17世纪的人文主义时期,人文主义者开始将文本中的法条与当时的司法实践进行初步的结合,但这种研究并不以实践为导向,直到潘德克顿的现代运用阶段(1600~1800年),针对罗马法的实践继受才正式开始。到18世纪初,神圣罗马帝国境内的罗马法继受工作基本完成。

随着继受工作的完成,人们开始反思继受罗马法的这一事实,这一阶段类似于我们当下回头反思清末民初时期我国对西方法律的引介工作。"德国法律史学的奠基人"康灵(Hermann Conring,1606~1681年)最早指出了法律的历史性,在1643年出版的《论德意志法的起源》一书中,康灵对传统理论"洛泰尔传奇"提出质疑:罗马法究竟是不是由皇帝洛泰尔三世于1137年通过法令在神圣罗马帝国境内推行的?通过研究,康灵得出的结论是,作为相对于德意志人而言的外来法,罗马法是通过长期的、不可逆的理论与实践继受而扎根于神圣罗马帝国的,整个继受过程本身已成事实,而研究者的任务就是将继受过程是如何一步步进行的事实梳理清楚即可。于是,法律史的研究从这一刻起就开始了。

"法律具有历史性"这一命题是具有革命性的,将其进一步推论,可以得出以下几个结论:一是法律史研究开始具有意义,即需要重新审视对罗马法的整个继受过程;二是被司法实践/习惯所接纳的日耳曼法(本民族法)也应被严肃对待。在历史法学派兴起之后,他们推动了更进一步的思考,即既有法律规范的效力来源究竟是什么?这一问题在实践中的体现则是,究竟是立法的效力优先,还是习惯法的效力优先?如果罗马法不是以皇帝立法的形式进行推广的话,那么继受而来的罗马法性质等于习惯法,如果承认罗马法的适用效力的话,就同时承认了习惯法的效力。然而在 17 世纪时,德国的法律史仍然不是一个独立的学科,而是政治史的一个组成部分,其研究又称“帝国史”,主要以法兰克国家和神圣罗马帝国的政制演变为对象。在教学活动当中,这一时期各个大学还不具有统一的课程大纲或课程指南,因此在实际教学当中,是否开设法律史的课程多取决于老师个人的兴趣。

□ 法律史成为德国法学院中的独立学科

到 19 世纪初,法律史才在德国(以普鲁士、奥地利等邦国为组成部分的德意志地区)真正成为一个独立的学科。其时代背景,一是从浪漫主义到历史主义的思想观念转变以及以兰克为代表的现代历史学科的建立,二是为反对拿破仑而爆发的所谓德意志解放战争及其在当地激发出的巨大民族主义浪潮。关键节点是 1814 年至 1815 年围绕《论制定一部德意志统一民法典之必要性》以及通过《民法典》实现德意志国家统一而展开的论战。

在 1814 年至 1815 年的论战之后,萨维尼与艾希霍恩创办了《历史法学杂志》,标志着历史法学派的诞生。历史法学派的主张有很多,与今天报告主题相关的基本立场有三点。一是强调法律并非立法者理性的创造物,而是民族精神的有机产物。二是民族精神应当在民族的历史和习惯中寻找。这一点直接影响了德国法律史的研究范式,其强调应立足于当代的法律文本,进行继受史的回溯式研究,而非进行盲目的历史研究。只有在经历了充分的法律史研究后,本民族的习惯法才会经由法学家法转化为科学的法,最后通过国家立法活动转化为一种封闭式的法律渊源。三是萨维尼提出的四种针对制定法的解释方法,分别是文义解释、目的解释、体系解释与历史解释。需要指出的是,在历史法学派那里,所谓的历史解释还不是我们当下这种高度实证主义化的、探求立法者主观目的的解释路径,而更多的是一种历史研究的思路。然而,在历史法学派基本观点之下,存在着一个隐患,即对于罗马法在神圣罗马帝国的继受事实而言,历史法学派要研究的究竟是谁的历史?这一隐患导致历史法学派内部分裂为罗马派与日耳曼派。

罗马派的基本观点是,承认并尊重罗马法继受的事实,应当重点研究继受过程并继续推进继受,目的是打造出一套纯粹的、没有矛盾的、成体系的、德国化的罗马法。罗马派又被称为潘德克顿学派,是19世纪德国民法学研究的主流,他们依托《学说汇纂》的研究,最终成为《德国民法典》的学术基础。日耳曼派则强调本土日耳曼法的独特性,排斥罗马法,他们以民族主义为旗帜"整理国故",积极寻找日耳曼法与罗马法的区别(如团体主义与个人主义的区别),但由于缺乏足够的文字资料,因此成果有限。到20世纪初,日耳曼派逐渐趋向极端化,拥抱纳粹,以至于到战后日耳曼派得到了全面的清算,在目前的德国大学当中几乎消失匿迹。

两派人的分歧体现在法律史的课程设置上,就是我们现在所看到的"罗马法律史"与"德意志法律史"的分野。从柏林大学法学院1811年、1812年以及1815年夏季学期的课程设置演变上即可发现这一点。这一分庭抗礼的情况基本延续到了当下。

■ 德国法律史学科的演变

□ 在质疑与坚持之间的法律史教育

从18世纪末开始,德国法律史研究逐渐从一般的政治史研究当中分离出来,成为一门在法学院管理之下的独立学科。自此,德国有关法律史的研究出现了两种不同的倾向,一是内部法律史研究,类似于当下的"法制史"与"教义学史",二是外部法律史研究,指研究一切与法律文本相关的社会、政治、经济问题。这一区别最早出现于历史法学派的先驱胡果于1799年出版的第二版《罗马法历史教科书》中。胡果认为严格意义上的法律史就是内部法律史,要从当下的制定法出发,回溯研究某一特定制度的源流,同时研究罗马法上的相关制度为何与当今不同,这一特定制度在当时的罗马法体系中的意义究竟体现在哪里,以及这一制度究竟能否为当下的法律所借鉴,倘若不能借鉴的话,当下的法律制度与罗马法的体系性差别在什么地方。应注意的是,到19世纪初期,发展成熟的实证部门法学仅有民法(罗马法/潘德克顿法),因此19世纪初期的内部法律史在事实上仅包括民法教义学史。

除民法的部门法史之外,其他部门法史的起步前提是相应部门法的实证法出现。在德国,部门法史的起步源自1871年德意志第二帝国的建立与法治国的建设,其中包括两个方面。一是部门法的相继实证化,例如1871年的《德国刑法典》,1877年的《德国刑事诉讼法典》《德国民事诉讼法典》《破产法》,1896年的《德国民法典》等。二是部门法学的高速发展,其主要借鉴的也是罗马法教义学。在此基础之上,各个部门法的法律史研究工作得以开展,例如,第一部体系化的刑法史教科书是路德维希·冯·巴尔在1882年出版的两卷本《德意志刑法与刑法理论史》,第一部行政法史是康拉德·博哈克在1884年至1885年出版的三卷本《普鲁士行政法史》。

与部门法史兴起相关的事件是司法考试的相关改革,司法部将法律史纳入了司法考试的考查范围之中。其中,1875年普鲁士司法部发布的《司法考试细则》第4条规定,第一次司法考试的对象包括公私法各科与法律史,以及国家学基础;考试的方向必须是探索候选人的基础知识,及其对法律关系的性质和历史发展的洞察力。自此,法律史成为德国司法考试中的固定内容,纳粹时期亦如是。

"二战"后,法律史学与法教义学的统一关系彻底丧失,原因大致可以被归结为以下三点:一是法典化过后,实证法成为具有封闭性的法律渊源,在这种情况下,法律史并不能为法律推理或法教义学提供任何有效力的主张;二是各部门的实证法教义学发展出精细化、高度自洽的体系,无须法律史提供解决问题的方法;三是大量学者主张法律史学和法教义学存在截然不同的研究目的,法律史学的研究目的是求真,而法教义学的研究目的是解决实际问题。需要指出的是,这里所说的法律史指的是外部法律史,而内部法律史的视角基本被忽视了,原因在于内部法律史被实证化,纳入历史解释之中了。这主要体现为两点。首先,历史解释的目的变成了查明立法者的主观意图,而通过立法资料的汇编,就可以查明一个法条的规范目的,在立法者主观意图不可查明的情况下,历史解释应当提供客观目的解释的素材,以帮助教义学者在解释时不至于脱离光谱。可以看出,当内部法律史被实证化之后,其所依据的材料被大大限缩,要么是已经整理出来的立法资料,要么是立法者在立法前所接触到的相关资料,这与法律史研究对材料的广泛选取具有本质性的差异。其次,当下的历史解释已经以评注的形式出现了,例如正在进行的《德国民法典历史批判评注》的编纂。

就德国大学的法律史教育而言,自 20 世纪初,德国法学院在传统的"核心课程"(民法、刑法、公法)外,另设有四门要求所有法学院开设的"基础课程",其中包括法律史、法哲学、法理论(法理学)与法社会学,具体的课程名称依各大学的具体情况存在微调。以图宾根大学为例,法学专业模块下设的"欧洲法秩序的基础"课程部分是与法史相关的,其中包括罗马私法、近代法律史与法律当代史以及宗教宪法与教会法。

近年来,德国大学法学院中的法律史研究者数量呈下降趋势。在 20 世纪中叶之前,由于部门法的实证化时间较短,因此一个学者可以兼治法律史和某个部门法,而从 20 世纪下半叶开始,由于部门法的教义学的迅速发展所带来了部门法的高度精细化,导致学者没有精力继续兼顾法律史,这一情况在宏观上体现为法律史教席数量的急剧下降;民法专业以外的法律史研究者几乎降为零。而民法之所以能够保留历史传统,还是要拜罗马法无可撼动的历史地位所赐。

自 20 世纪 70 年代开始,在德国教育界朝向英美法律教育看齐的法学教育改革呼声的推动作用下,部分法律史学者逐渐放弃传统教义学史的研究路径,转向新的主题如公法史、司法实践史,更加注重把法律作为政治社会经济的宏观图景中的一部分来研究。这在某种程度上意味着法律史的研究正在回归 18 世纪的研究范式,即去教义学化的研究。在 1990 年的德国法学家大会上,各位法学家就是否改革以国家考试为核心的学制、取消基础课程、引入学士—硕士制度开展大讨论,在迪特尔·梅迪库斯(Dieter Medicus, 1929 ~ 2015 年)和赫尔穆特·科英(Helmut Coing, 1912 ~ 2000 年)两位的坚持下,大会决议采取保守思路,沿用传统的法学院培养方案。

□ 当代德国法学院中的法律史教育状况

当前,德国法学院的法律史课程门类大致分为五种。一是罗马法律史,二是德国法律史,这两门课程为本科生的必修课,需要二选其一,且要在大一刚开始的第一学期修完并参加正式的闭卷笔试。三是教会法律史,四是近代私法史、当代法律史等,这两类是选修课,部分学校有开设。五是法律史文献分析,这是研讨课(Seminar),部分学校将其作为攻读法律史专业博士学位的前置条件。

出于历史原因以及罗马法的巨大影响,罗马法律史的研究相当细化,其中不仅包括以国家和政治制度的演变为主要内容的罗马公法史、政制史,还包括以私法具体制度的构成、演变为主要内容的罗马私法史。由于罗马私法内容庞杂,一般不设置统一的课程,以图宾根大学为例,其按照当代法教义学的方式,将罗马私法细分为"罗马债法""罗马物法""罗马家庭法""罗马继承法"等专门课程。目前,全德国共有 43 个综合类大学,其中 25 所大学的法学院设置了罗马法的教席(与之相比,奥地利的 5 所综合类大学法学院均设置了罗马法教席,瑞士德语区的 5 所综合类大学法学院中,4 所设置了罗马法教席),且绝大多数教授专门从事罗马私法研究与教学,由此可见罗马法对德语区法律史研究的笼罩性影响。

此外,在对罗马私法进行如此精细化的研究与教学之外,自 2008 年开始,欧洲的几所大学还共同举办了国际罗马法模拟法庭(International Roman Law Moot Court,IRLMC)。该模拟法庭每年举办一次,比赛地点在欧洲各参与高校间轮换。参加的高校包括英国的牛津大学和剑桥大学、意大利的那不勒斯费德里科二世大学、奥地利的维也纳大学、德国的特里尔大学和图宾根大学、比利时的列日大学、希腊的雅典大学。比赛的官方语言为英语,形式与内容是以优士丁尼时期的实体法和程序法为法律背景,针对虚拟案情进行口头辩诉活动。

德国法律史的主要内容是从日耳曼部落时期至当代,还可分为从法兰克王国到神圣罗马帝国再到德意志民族国家的德国公法/宪法史(主线清晰,核心是民族国家、民主法治国复杂曲折的建构过程),以及主要关注"日耳曼法"的德国私法史。教会法律史则与罗马法类似,以中世纪的古典教会法为重点,且与现行的"教会法大全"(*corpus iuris canonici*)相结合。

其他内容的课程主要取决于不同学校老师的兴趣,如讲授以罗马法至《德国民法典》之前的欧洲复兴史(12～19 世纪)为核心的近代私法史;以

20 世纪的德国法律史为主，重点为国家社会主义时期和东德时期的现代法律史；也有关注从欧共体到欧盟层面的法律发展的当代法律史；还包括近年来由马克斯·普朗克法律史与法理论研究所（美因河畔法兰克福）所推动的全球法律史，主张在全球视角下关注亚非拉法律史与欧洲法律传统的联动。

法律史文献分析课程所用的文献分析方法可追溯至 13 世纪注释法学派对罗马法文献的学习法，基本任务是通过一套刻板的“规定动作”，完成法学专业内必要的学术训练。具体而言，文献分析的目的在于解释文本，既包括文本字面意思的查明和重要语词的训诂等语言学议题，也包括对作者、文本流传的考证及文本所包含的事实或事件的重构等历史学议题。以上诚然意味着烦琐的考证工作，也似乎与法学专业关系不大，但此种工作是对学生人文与社科综合素养的全面训练，属于大学所应提供的博雅教育的一部分。对于我们所从事的法学专业而言，最重要的训练任务无疑在于解释该文本所讨论的法律问题，以及（利用现代法学中的术语和概念）重述、提取、总结文本中所包含的规范或规范性问题。所分析的经典法律文本主要包括古典时期（如优士丁尼《国法大全》，以《学说汇纂》为主）、中世纪时期（如格拉提安《教令集》，《萨克森明镜》《金玺诏书》）、近代以来（如《法国民法典》《普鲁士一般邦法》）的各种法律文本。欧洲学术传统里的法律文献分析训练可以追溯至 13 世纪。自中世纪的罗马法继受运动以来，注释法学派、评注法学派、人文主义学派、潘德克顿现代运用学派均在法律文献（主要是《学说汇纂》）分析的基础上，发展出各具特色的法律理论与制度。萨维尼和历史法学派尤其重视法律文献分析，使这一训练在当代欧洲法学院中仍扮演着极其重要的角色。

□ 对我国可能具有的启发

最后，按照“常规”应该回归我国目前的法学教育实践，通过对比来看看德国的法律史教学对我国可能具有的一些启发意义。我个人对这个问题的一点肤浅的思考是，首先对于我国当下法学院内部的学科建制而言，源于 20 世纪 80 年代的“外国法制史”这个学科有时显得有些粗放，可能需要进行一个内部领域的细分,这方面是否可以按照德国法律史发展的历史经验,分为内部法律史(法律制度史或教义学史)和外部法律史(法律渊源和与法律渊源相关的政制史)。另一个可能的启发是,增强法律史研究与部门法学科之间的交流,推进各部门法的内部法律史或部门法史的研究。

提问与讨论

问:在"二战"后的德国,法律史研究与法教义学研究之间的鸿沟越来越大,法教义学的学者越来越少地参考法律史学者的研究成果。那么,结合吴老师自己的研究经历,可否谈谈在我国当下的法教义学研究中,法律史的资源与方法能够发挥何种功效?以历史的视角来从内部研究法典法的意义究竟有多大?

答:在德国,与实证法相关的材料已经丰富到了一定程度,以至于无须参考历史材料,唯一可能需要的历史材料就是制定法的立法资料,而其他一般的法律史材料在法教义学者眼中已经没什么价值了。至于我国,考虑到当前的理论继受与实践继受的情况,因而对中国法律史的研究提出了更高的要求,即如何梳理好清末以来的法律继受过程。

其他老师补充:史学研究与法学研究还是存在着不同之处的,法律史学更像是史学的一个分支,而非法学的一个分支。外国法制史的研究也可以进一步区域化、国别化、专题化,进而从各个不同的法系当中汲取有价值的部分,同时丰富我们对法律本身的认识,以供我国参考。

问:目前德国法律史研究中受英美研究方法的影响是否明显?

答:在二十年前,相关的影响几乎不存在,但在目前,诸如全球史观以及以社会经济史为主要视角的研究范式开始逐渐在德国法律史学界崭露头角。

问:关于德国法律史学与法教义学"分道扬镳"这一现象的原因,我听到过两种不同的解释方式,一种解释是德国法律界职业化发展的结果,一个高度专业化的、以释法为目的的职业团体肯定不会重视法律史;另外一种解释则将原因归结为纳粹的影响，在“二战”后德国法学界进行的自我反思认为先前的法学界与政治界走得太近了，为了彻底去纳粹化，于是将很多潜在的、可能与政治关系较为密切的研究剔除了出去，其中就包括法律史学科，应如何理解这两种解释？

答：我认为上述两种解释仍是在描述现象，法律史与法教义学分野的原因，归根结底还是说，法律史学科的历史使命在法典颁布之后就结束了。这一点在德国尤其凸显，因为德国的法律史学科在历史法学派的影响下，与立法过程绑定过深，而在《德国民法典》颁布之后，绝大部分的法律史学家摇身一变，成了法教义学者。

日内瓦国际法教育的“国际化”

廖雪霞

廖雪霞

北京大学法学院助理教授；日内瓦国际关系及发展高等研究院国际法学博士。2016年获海牙国际法学院文凭；2019年1月至2020年12月在北京大学法学院进行博士后研究；2021年3月起任北京大学法学院助理教授。研究领域为海洋划界、国际海洋法及国际争端解决，已发表多篇中英文论文。

2023年6月1日中午，北京大学法学院教学沙龙2023年第五期“日内瓦国际法教学的‘国际化’”在凯原楼307会议室举行。

本文主要介绍我博士期间就读的院校——瑞士日内瓦国际关系及发展高等研究院（Graduate Institute of International and Development Studies, Geneva）——在国际法教育和研究中的“国际化”。我们姑且将它简称为“高研院”。这个介绍机会对我来说很难得，因为相较于瑞士湖光山色在国际和国内的知名程度，无论是高研院在世界各大高校中的知名程度，还是它在全球范围内国际法教育和研究中的重要程度，国内的了解都是非常不足的。这种了解上的有限其实在很大程度上影响了国内学子在出国深造，尤其是继续国际法领域的研究和学习这一重大问题上的抉择，也可能导致我们在涉外法治人才培养问题上参考维度的单一，因为过于着眼于英美而忽略了欧洲大陆，尤其是以瑞士日内瓦、荷兰海牙为代表的国际法教育高度发达的地区的经验。

本文主要围绕三个方面展开：（1）日内瓦与国际法的渊源；（2）高研院的历史及其对国际法研究和教学的并重；（3）高研院的国际法教育何以形成其“国际化”的名片。

■ 日内瓦与国际法

如果我说日内瓦是国际法的中心，可能很少有人会反对，因为大家熟知日内瓦是联合国总部的所在地。即使如此，我们仍需要简单介绍一下日内瓦与国际法的渊源，从而了解日内瓦这座小城为国际法教育提供的得天独厚的优势。

□ 众多国际组织的所在地

日内瓦是瑞士和法国边境上的一个小城，它加入瑞士联邦（1814年）的历史并不长,而瑞士于1815年维也纳会议上正式确立了中立国的地位。从地理位置上看,日内瓦处在东欧和西欧的中心位置上:从日内瓦乘火车3小时可达巴黎;坐飞机1个半小时可达伦敦、罗马、阿姆斯特丹,4小时可达圣彼得堡。我想瑞士中立国的地位和日内瓦地理位置的优越共同构成了众多国际组织选择在日内瓦"安家"的原因。

位于日内瓦的最重要的国际组织是联合国。联合国的前身是国际联盟(以下简称国联),它是世界上第一个全球性的、以促进国际和平为宗旨的政府间国际组织。"一战"之后,各国在巴黎和会上创立了国联,并且将总部设在日内瓦莱芒湖畔的威尔逊宫。1936年,国联总部迁往专门为其建造的万国宫,也就是今天联合国总部的所在地。"二战"期间,虽然国联事实上陷入瘫痪,但瑞士中立国的地位保证了国联的文件、档案等保存完好;位于荷兰海牙的常设国际法院也在"二战"期间将重要档案和文件迁往日内瓦,在荷兰被德国占领之后,常设国际法院的院长和少数官员也前往日内瓦避难,从而勉力维持了常设国际法院的存在。

除联合国外,日内瓦还是大大小小数以百计的国际组织总部或办事处所在地,较为知名的包括世界贸易组织、国际劳工组织、联合国难民署和人权事务高级专员办事处、世界知识产权组织等;非政府组织中较为知名的包括红十字国际委员会、无国界医生等。这些组织密集地分布在联合国万国宫的周围,形成了一个星罗棋布的国际组织网络,从而为日内瓦营造了强烈的"世界之都"的氛围。也正因为遍布国际组织,日内瓦这个小城满是来自世界各地的国际组织职员、各国的外交官和国家代表、从事国际法职业的律师、法律顾问或者专员等。在这种氛围下,在这里求学和生活通常不会感到融入本地生活和文化的压力,因为周围大多是和自己一样的异乡人——多元化是日内瓦的特色。

此外,国际组织的密集也为在此求学的学子提供了大量的实习机会和可观的职业前景。在国际组织实习或工作过的人深知,凭自己的实力而非国家派遣背景拿到国际组织的工作机会是非常困难的,往往要经历前期长时间的实习,而联合国体系内国际组织的实习通常是不支付酬劳的,这造成了专程从世界其他地方赶来日内瓦实习是一件并不划算也并不容易的事情。这也是为什么日内瓦的国际组织青睐从本地学生中招聘实习生。从这个意义上讲,进入国际组织的部分职业通道仅对有机会在日内瓦长期学习和居住的人开放。

□ 无数国际条约的谈判地或缔结地

除了作为各大国际组织的机构所在地,日内瓦还以其"出产"的众多国际条约而知名。国际法实践中的一项特色是在条约的名称中加上该条约的缔结地,如《维也纳条约法公约》。在日内瓦诞生了众多国际条约,其中最知名的是关于国际人道法的"1949 年日内瓦四公约"[1]。此外,日内瓦也是众多国际条约的谈判地或主要谈判地。例如,1958 年第一次联合国海洋法会议在日内瓦召开,而 1973 年至 1982 年间召开的第三次海洋法会议的主要谈判地之一也是日内瓦。

另外,"二战"后专为国际法的编纂和逐步发展而创立的专家机构——联合国国际法委员会,每年 5 月和 7 月两度在日内瓦召开会议,集中讨论委员会的工作。国际法从业者熟悉的《维也纳条约法公约》、第一次海洋法会议缔结的四大公约以及《国家对国际不法行为的责任条款草案》均是国际法委员会工作的成果。

正是因为日内瓦接纳了众多国际组织,同时又长期地为国际造法实践提供场所,这不仅使日内瓦成为名副其实的"国际法之都",也使国际法的研究和教学获得了一个绝佳的环境。无论是国际组织也好还是国际会议也好,都让全球各地的国际法从业者源源不断地汇聚到日内瓦,给这个瑞士小城带来最有活力的国际法的思想和最前沿的国际法实践。这些都是从事与时俱进的国际法研究和学习所必不可少的资源。因此,国际法之于日内瓦,就像艺术之于巴黎,音乐之于维也纳。这座城市为国际法教育提供了直接而全面的滋养,而这可能也是我所要介绍的高研院国际法教育"国际化"最根本的原因,也可能是它难以被复制的原因。

---

[1] 指《改善战地武装部队伤者病者境遇之日内瓦公约》《改善海上武装部队伤者病者及遇船难者境遇之日内瓦公约》《关于战俘待遇之日内瓦公约》《关于战时保护平民之日内瓦公约》。

研究和教学并重的高研院

高研院成立的历史和宗旨与国际事务在国际层面的组织化密切相关。1919 年创建的国联的工作覆盖国际事务的多个领域,如裁军、经济和社会事务、人道主义工作(难民的安置)以及教育和卫生等。国联所奉行的公开外交原则也让国联大会采用“议会式外交”。事务的多样和外交方式的变革催生了一批职业的国际组织雇员群体,这一群体为国际组织服务,而非传统意义上的以国家利益为先的外交官群体。

为了加强这个群体的职业化程度并促进国际法研究在世界领域内的普遍化,1927 年日内瓦大学经济史教席教授在美国洛克菲勒基金会、瑞士联邦和日内瓦官方的支持下,推动成立了日内瓦国际问题研究院(Graduate Institute of International Studies),也就是后来高研院的前身。日内瓦国际问题研究院是世界上第一个致力于国际事务研究和教学的研究生院。在成立之初,日内瓦国际问题研究院就独立展开教学和研究工作,但同时与日内瓦大学保持着一定组织上的联系,比如要由日内瓦大学授予博士学位。两次世界大战期间,一些流亡知识分子的到来也为树立日内瓦国际问题研究院在国际法教学和研究领域的口碑作出了贡献,其中就包括汉斯·凯尔森(Hans Kelsen)。

1950 年起,风起云涌的去殖民化运动让第三世界国家研究和发展研究兴起,日内瓦也在这一时期成为发展研究的重要阵地,并于 1973 年正式成立了日内瓦发展问题研究院(Graduate Institute of Development Studies)。20 世纪 90 年代以来,国际问题研究院和发展问题研究院的联系日益紧密,如互相开放课程等。2007 年,在伯尔尼和日内瓦官方的推动下,高研院正式成立,并逐步在组织关系上与日内瓦大学脱离,开始独立授予博士学位。

从 1927 年日内瓦国际问题研究院成立至今,贯穿高研院历史的宗旨是教学与研究并举,且以全球范围内有志于投身国际组织工作和国际问题研究的人才为主要目标群体。高研院的国际法教学和研究主要有以下特点。

第一,教学与实践紧密结合。高研院国际法教学最突出的特点是以国际法实践为最主要的关注对象,且研究生教学的目的之一是培养毕业生适应国际组织工作的需要。在成立初期,日内瓦国际问题研究院除聘任终身制的教授外,也邀请国联和国际劳工组织的资深官员前来授课,这样的教学与实践结合的方式也一直延续到今天。例如,我在2014年博士一年级时修的一门必修课就是由国际法专业的各个教授和校外专家共同讲授。这一课程每周有不同的专题,专题内容不仅包括国际法学术研究的理论和方法论,还包括校外实务专家为大家介绍国际法的前沿实践。比如,因为2014年国际法院刚刚宣判"捕鲸案",课程就邀请了该案中澳大利亚一方律师团队的辩护律师;还邀请了前任联合国法律事务副秘书长,为大家介绍联合国内部的法律工作。这些直观的国际法实践中的"内部视角"是高研院国际法教学中十分常见的。

第二,学术研究与政策研究的双重定位。研究是高研院的另一宗旨,并且强调学术研究和政策研究的"双管齐下"。高研院不仅重视国际法的基础研究和理论研究,也尤为强调研究的实践面向,这也让高研院具有一定的智库性质。例如,高研院设立了多个研究中心,如冲突、发展和维和问题中心、金融和发展研究中心、国际环境问题研究中心、全球移民问题研究中心、贸易和经济一体化研究中心、性别问题研究中心、全球卫生研究中心等。从这些研究中心的名称就能看出,它们的关注点十分集中,都是直接为国际事务中较为尖锐或突出的问题服务的,其研究成果和意义不仅在于研究的理论性,更在于促进人们对国际法一线工作者面临的问题的关注,促进学术和实务群体的交流。

第三,英语与法语的双语模式。日内瓦是瑞士的法语区,但这并不是高研院坚持法语教学和研究的根本原因。在"二战"之前,法语是接替拉丁语广泛运用于外交领域的语言,也是国际法研究和实践中通行的语言。举例而言,"一战"之后国联理事会委派的法学家委员会用法语商讨常设国际法院的规约草案,官方会议记录也是法语,且这10位来自欧洲和美洲的法学家中仅美国籍的专家不能熟练地使用法语。[1] 在创建于1923年的海牙国际法学院(Hague Academy of International Law)每年举办的暑期讲习班中,直到1947年才首次出现了英语授课的课程,[2]且一直维持着通识课程(general course)英语和法语交替授课的惯例。高研院的教授中,有相当一部分以法语为工作语言。在高研院的历史上,国际法的必修课曾经一度由法语教授,这为来此求学的各国学子设置了较高的语言门槛,但近这些年来英语已经成了高研院更为普遍的语言了。

尽管法语在世界上的影响力日益减弱,且凭英语足以在日内瓦生活、在高研院研究和学习,但高研院仍然激励学生学习法语。例如,所有没有法语基础的同学在高研院第一年的学习中(包括硕士生和博士生),都要修法语必修课,并在第一年年末通过学校的法语语言考试。这一语言政策的重要性是不言而喻的:法语是联合国的官方语言之一,广大来自西语系国家的人习得法语的情况也很常见。若具备法语能力,则更有机会进入国际组织工作。另外,对国际法的学习和研究者而言,国际司法机构如国际法院、联合国海洋法法庭均以英语和法语为工作语言。这些司法机构对其职员的法语水平要求更高。

■ 将“国际化”专业化

高研院作为研究型高等学府,不参加世界大学排名。我想这也是它在国内知名度不足的重要原因。然而,作为一个“小而精”的研究院校,依托“国际法之都”日内瓦,高研院将国际法教育和研究的“国际化”做到了专业化,打造了自身“国际化”的名片。据我的观察,这是通过以下几方面来实现的。

---

〔1〕 Spiermann O.,“*Who Attempts Too Much Does Nothing Well*”: *The* 1920 *Advisory Committee of Jurists and the Statute of the Permanent Court of International Justice*,73 British Yearbook of International Law 187(2003).

〔2〕 Hersch Lauterpacht, *The International Protection of Human Rights*, in Collected Courses of the Hague Academy of International Law (Volume 70), 1947.

□ 国际法专业的独立性

高研院总共设置6个专业,分别是:国际法学、人类学与社会学、国际历史与政治学、国际经济、国际关系/政治学、发展学。因此,在高研院,国际法学不是作为法学院或者政治学院下设的学科,而是作为一个独立学科存在的。[1] 这种独立性为高研院国际法教育的"国际化"创设了独特的条件,使国际法的教学和研究更有针对性,这进一步表现在三个方面

第一,国际法项目的细分。高研院国际法专业开设三个研究生项目和一个博士生项目。研究生项目分为2年制的研究生项目(Master in International Law),1年制的研究生项目(LLM in International Law),以及与日内瓦大学合办的国际争端解决1年制研究生项目(Master in International Dispute Settlement)。虽然这三个研究生项目的师资基本重合,但在定位上有较大差别:2年制研究生项目更强调国际法的基础学习、理论学习和学术研究,对硕士生毕业论文有较高要求,所修课程的数量也更多;1年制研究生项目会在内部继续区分环境法等不同的方向,从而更强调学位的专业性;国际争端解决1年制研究生项目招生对象以从事(或有志于从事)仲裁、诉讼等实务的人员为主,完全是实务导向的。博士生项目则当然是学术研究型项目,学制为4~5年,主要由导师指导,但从第一年至最后一年都有制度化的培养方案。国际法项目在研究生教育阶段的细分是对不同群体的国际法教育和实践需求的回应,也是高研院学术研究和政策研究并重、教学和实践研究兼顾的直接体现,还间接反映了高研院国际法师资和教育资源的充沛,否则不能支持这些不同方向和宗旨的培养项目同时开展。

第二,国际法课程的丰富和层次。国际法硕士生和博士生都需要修满特定要求的学分,包括必修课和选修课。在课程设置上,除了由不同国际法教授讲授的必修课,还有结合老师们研究领域、兴趣和专长的类型多样的选修课;除了以讲授为主的讲演课(Lectures),也有以学生讨论和自主研究为核心的研讨课(Seminars);除了有国际法传统领域的条约法、国家责任法、

---

〔1〕 但这并不是国内语境下的"一级学科",因为高研院没有本科生项目,只有研究生和博士项目。

外交和领事关系法、国际贸易法等,也有关注新兴领域的互联网治理、气候变化与国际法等专题课程。虽然国际法专业课程可选择的范围本就很广,但高研院也仍强调跨学科的学习:2 年制研究生项目的同学必须每学年从其他专业中选修一定数量的课程。同时,也因为其他专业仍是以国际问题研究为主导的,因此这是一种国际化视野下的跨学科学习。

第三,国际法师资的雄厚。由于高研院是最早专门致力于国际法和国际问题研究的机构,也出于日内瓦和瑞士官方的支持,高研院在不同的历史时期内都是国际知名的权威国际法学者的汇聚之地。即使没有在高研院担任长期教职,每年也有来自世界各地的知名学者作 1 学期或 1 学年的交流访问,从而带来国际法研究和教学的"流动盛宴"。例如,在我读博士期间,赫尔辛基大学的杨·克拉伯斯(Jan Klabbers)就来访学,并开设条约法课程,在克拉伯斯成为国际组织法的大家之前,他的博士论文《国际法上条约的概念》就已为他赢得国际声誉和关注。[1] 20 世纪国际法学大家赫氏·劳特派特(Hersch Lauterpacht)最有影响力的专著之一《国际法院对国际法的发展》一书,也是在高研院的系列讲座基础上写成的。[2] 可以说大多数在国际法史上留下姓名的学者,都有与高研院的连接。而且,与德国或法国等欧陆国家以某位教席教授"撑起学科一片天"的模式不同,高研院汇集了国际法各个领域内有影响力的学者,不管是国际公法的传统领域(领土与国家责任)、人权法与人道法、国际贸易法,还是国际法理论研究,这保证了高研院国际法教学和研究质量的连续性,也确保了高研院的影响力和口碑不会因某位教授的退休或离任而丧失。

□ 因地制宜的多元化

高研院的"国际化"是写入它的基因的。与我们通常所说的在以本地构成为主的环境中引入国际的元素形成的"国际化"不同,高研院除了组织和管理层面的本地元素,在理念、视野和人员构成上都极力地"去本地化"

---

〔1〕 Klabbers J., *The Concept of Treaty in International Law*, Brill Nijhoff, 1996.

〔2〕 Lauterpacht H., *The Development of International Law by the International Court*, Stevens & Sons Limited, 1958.

了,比如,按照高研院的官方数据,瑞士国籍的学生在高研院的比重不超过15%。我读书时直观了解到的事实是,无论是硕士生项目还是博士生项目,来自某个国家的学生通常只有1人或2人。这个政策在国际法学的各个项目中执行得比较严格,因为国际法学的研究生项目招生人数本就较为有限;但是在硕士生数量相对庞大的发展学中就更为宽松一些。但无论如何也不会达到某些美国1年制研究生项目中有数10名来自同一国家的学生组成的情况。

除了学生层面的多元化,教师同样如此。瑞士国籍的国际法教师非常少,因为就像刚才说的高研院国际法教授都来自五湖四海,甚至意大利籍的教师多于瑞士籍的。这种师资构成上的多元化决定了国际法的教学和研究也是"去本土化"的。我在高研院求学的几年,无论是自己的研究,还是周围硕士生或博士生的学习,从未见过以瑞士为主要关注对象的研究。这和在美国从事国际法研究和学习的体验应该是完全不同的。

但必须要指出的是,尽管瑞士国家在高研院的研究和教学旨趣中几乎是不可见的,但高研院的确弥散着欧洲中心主义的气息:教师主要来自欧洲国家或深受欧洲国际法影响的拉丁美洲国家、强调法语学习、关注与欧洲强相关的国际法议题(如难民问题)、研究和教学以欧洲传统国际法为主流等。随着一些新教师的加入并由于他们对国际法新兴问题(如网络空间)的关注或对跨学科研究方法的强调(有美国教育背景的教师尤甚),在一定程度上也稀释了欧洲中心主义的浓度,但这种稀释可能也是较为有限的。

□ 得天独厚的国际法资源

绝大多数人都听过梅贻琦的一句名言"所谓大学之大,非有大楼之谓也,乃有大师之谓也",并且常用这句名言来抨击那些热心校园工程建设而忽略对教学和科研等真正重要的资源投入的现象。高研院的大楼是不值一提的:高研院的校园是2013年正式开始使用的6个花瓣形的"和平大楼"(Maison de la paix),甚至真正属于高研院教学和科研场所的只是其中的"两片花瓣"而已,其他4栋楼都出租给国际组织和机构做办公场所了。这样的校园无论是按照国际还是国内标准都只能算得上"紧凑型",但其中却安置了全球范围内众多名校都难以超越的全面而丰厚的国际法资源。

高研院校园的地下两层是图书馆,这是我心中最好的国际法图书馆。与国际法专业的独立性相关,这里没有法学大类的藏书,但近乎穷尽了国际法领域内所有的藏书,并且按国际法的不同领域作了细致的分类,每个领域内的收藏都是近乎完整的。以我博士期间研究的海洋划界为例,在图书馆地下二层有标注着“海洋法”的几排书架,并且还进一步划分为基础文件(如第三次海洋法公约缔约记录、联合国出版的与海洋法及相关条约的书籍等)和学术文献(按出版时间顺序和海洋法领域内具体研究方向进一步细分)。除国际法具体领域外,一般性的研究资料也是极为丰富的,比如所有重要的国际法杂志都有纸质版[例如从第一卷开始收藏的《英国国际法年刊》,或者国际法研究院(Institut de Droit International)的会议记录和报告汇编],也订阅了所有与国际法研究有关的数据库。我在日内瓦求学时的感受可以总结为一句话:“只有想不到的,没有找不到的。”即使真的没有找到,图书馆也有非常成熟和高效的推荐购买机制,学生和老师都可以向图书馆推荐购书。这样的国际法资源的收藏程度不仅超越了国内所有大学,在世界范围内也是比较少见的。除高研院自身的收藏外,联合国图书馆也提供了非常重要的资源补充。高研院位于联合国总部万国宫步行 10 分钟的距离之内,而联合国图书馆也是一个向公众开放的公共图书馆。因此,在高研院从事国际法研究,其实已经是近乎“奢侈”的体验了。

除直观的教学和研究所需的资源外,在高研院求学所能接触的种种机会也是一种资源。例如,与国际组织的紧密联系不仅让国际法教学引入实践的视角,也为学生提供了一些实习机会。刚才提到国际法委员会每年两度在日内瓦开会,其实国际法委员会也会“定向”地从高研院研究生或博士生中招收实习生,协助委员进行法律研究工作。此外,高研院的国际法教师往往兼具学者与执业者的双重身份,在国际法教学科研之外也经常从事仲裁或国际诉讼等工作,或为国际组织从事相关的研究工作,如我的博士生导师就是经常代表各国在国际法院出庭的法律顾问。因此,课堂教学仅仅是高研院国际法教育“国际化”的一个面向而已。

■ 结语:“看不见的学院”

奥斯卡·沙赫特(Oscar Schachter)曾指出全球范围内的国际法职业者(无论是官方还是学术群体)组成了一个“看不见的学院”(invisible college),因为他们不仅因官方或学术的纽带而持续地互相交流,并且始终保持着与这一职业的学术面向在知识上的联结。[1] 这种知识上的联结最直接的体现就是共同的国际法求学经历,它将不同国家、不同民族、不同背景但同样投身国际法研究或职业的人联系起来,并且因国际法职业本身的国际化和长期性而形成一种稳定的联结,不因求学经历的结束而失去。在这个意义上,日内瓦高研院是孕育“看不见的学院”的一个学院。这也是它成为国际法教育和研究重镇的一个原因:高研院的毕业生中,有知名的联合国前秘书长科菲·安南(Kofi Annan),也有曾任国际法院院长的优素福(A. A. Yusuf)。除这些名人大家外,更为普遍的是高研院的毕业生进入国际组织工作,或是进入律师事务所从事国际法的实践工作,或者回到各自的国家继续从事国际法的教学和研究工作。高研院用其独一无二的国际化环境培养了不同代际的国际法学人,又通过这些国际法学人的职业发展轨迹形成了一个地理意义上和职业性质意义上的国际化网络。这样的“国际化”或许是高研院最突出也是最特别之处。这其中有高研院本身历史积累的原因,也有日内瓦创造的特殊的环境原因,种种因素叠加在一起,为我们观察一种国际法教育和研究的“国际化”模式提供了一个独特的样本。

提问与讨论

问:高研院开展英语和法语的双语教学,英语和法语这两种不同语言在整个国际法体系的历史发展中发挥了哪些不同的作用与影响?

---

[1] Schachter O., *Invisible College of International Lawyers*, 72 Northwestern University Law Review 217(1977).

答:历史上法语曾是欧洲大陆的外交语言,很多重要的国际条约签署都是法语文本,当前一些重要的国际裁判机构的工作语言同样也包括法语,熟练掌握英、法双语对于开展国际法研究是很有帮助的。

问:日内瓦高研院在成立之初并不是政府办学的方式,那么学院的资金来源有哪些?另外,像这类以国际法为主体的研究型院校是否存在高校排名的身份焦虑?

答:高研院在设立之初是以私人基金捐赠为主要资金来源,在后来的运营过程中也有地方政府的财政支持。关于大学排名的问题,高研院是一所研究型机构,本身不参与综合类大学的国际排名。在没有大学排名的情况下,高研院的国际声誉与影响力实际上主要集中于国际法这一学科领域。关于在高研院学习与生活的费用问题,瑞士教育体系的硕士与博士项目学费相比于英美等国家较低,但日内瓦的生活成本比较高,不过学生一般可申请奖学金或助教补助。

问:高研院的学生与老师构成非常国际化,这对于学术研究的视角有哪些影响?

答:相比于美国法学院,高研院的国际法研究是以特定领域的具体问题为导向,而研究者自身的国别特色其实相对淡化。国际法学科本身具有一定的客观性,尽管不同国家的学者可能对某些问题的认识存在差异,但仍然应当遵循基本的研究范式与方法。

问:高研院的课程选课人数、课程作业、授课形式以及课程助教的作用等教学情况如何?

答:硕士生每学期有5门课,课程没有人数限制,一般为10人左右的研讨课;课程作业方面,学生每周应完成课前阅读材料并撰写针对材料内容的个人评论,不同课程的考核方式各异;课程助教一般由博士生承担,但不同于英国大学的助教制度,高研院助教的职责还是以辅助授课老师开展教学工作为主。

五洲四海的多元碰撞：马普刑法所的研究与教育

王华伟

关于作者

王华伟

北京大学法学院助理教授；德国弗莱堡大学法学博士，北京大学法学博士、博士后。主要研究领域为刑法学、信息网络犯罪等。出版德文和中文专著两部，在《法学研究》《中外法学》《清华法学》《法学家》，*Computer Law & Security Review*等CSSCI、SSCI期刊发表中英文论文30余篇。曾获全国刑法学优秀博士论文一等奖，第十一届中国法学青年论坛征文奖一等奖，第十届中国法学家论坛征文奖二等奖等荣誉。

2023年6月6日中午,北京大学法学院教学沙龙2023年第六期“五洲四海的多元碰撞:马普刑法所的研究与教育”在凯原楼307会议室顺利举行。

本文将从马克斯—普朗克(以下简称马普)刑法研究所的发展历史、研究理念、科研与教育以及对未来的观察展望四个角度来展开。

■ 马普刑法所的历史

要介绍马普刑法研究所(以下简称马普刑法所),首先得介绍它的上位机构:马普学会(Max - Planck - Gesellschaft, MPG)。马普学会是德国一家大型研究机构,正式成立于1948年,总部设在慕尼黑。其前身是1911年成立的威廉皇帝学会,爱因斯坦、海森堡等著名科学家都是该学会的成员。1948年,为了纪念德国量子物理学家马克斯·普朗克的杰出贡献,威廉皇帝学会正式更名为马普学会,此即为马普学会的由来。

马普学会被认为是德国最成功、最有影响力的研究组织。从威廉皇帝学会算起,截至目前已有37名研究人员获得诺贝尔奖,2020~2022年3年间连续出现5位诺贝尔奖得主。

马普学会的主要研究领域包括自然科学、生命科学以及人文社科三大板块,下设有85家马普研究所(其中5家设在海外),每年财政预算将近20亿欧元。下设机构大体分布在5个领域,分别是:物理学与天体物理学、生物学与医学、材料与技术、环境与气候、文化和社会。值得一提的是,每一家研究所的建筑都各有风格,与自身学科特点有一些呼应,值得玩味。

在众多马普研究所中,与法学相关的主要有8家:卢森堡的程序法研究所(Max Planck Institute Luxembourg for International, European and Regulatory Procedural Law)、汉堡的私法研究所(Max - Planck - Institut für ausländisches und internationales Privatrecht)、法兰克福的法史和法理研究所

(Max - Planck - Institut für Rechtsgeschichte und Rechtstheorie)、慕尼黑的社会法研究所(Max - Planck - Institut für Sozialrecht und Sozialpolitik)、慕尼黑的税法研究所(Max - Planck - Institut für Steuerrecht und Öffentliche Finanzen)、慕尼黑的创新和竞争研究所(知识产权和竞争法)(Max - Planck - Institut für Innovation und Wettbewerb)、海德堡的国际法研究所(Max - Planck - Institut für ausländisches öffentliches Recht und Völkerrecht)、弗莱堡的刑法研究所(Max - Planck - Institut zur Erforschung von Kriminalität, Sicherheit und Recht)。

今天着重介绍的马普刑法所,具有悠久的历史。1938 年,弗莱堡大学的 Schönke 教授成立了"外国和国际刑法研修班"(Seminar);1947 年,这个研究班升级为"外国与国际刑法研究所";1966 年,该研究所合并到马普学会,正式成为"马普外国与国际刑法研究所"。

从 1966 年至 1982 年,德国著名刑法学家耶塞克(Jescheck)教授担任马普刑法所的所长。自此开始,马普外国与国际刑法研究所在几代所长的引领下,取得了世界性的学术声誉。

■ 马普刑法所的理念

□ 浓郁的比较法氛围

实际上,整个马普学会都体现出非常强的国际化色彩。有数据统计,在马普学会招收的 3000 名左右的博士生中,有一半来自海外。马普刑法所同样具有浓郁的比较法研究氛围,而这一切,首先就与它的第一任所长耶塞克教授有关。

耶塞克教授是德国刑法学界,乃至世界范围内,非常重要的刑法学家之一。国内学界对他非常熟悉,大概有以下两个最直接的原因。其一,他的《德国刑法教科书》是最早被引进的、富代表性的德国大教科书之一。德国刑法学界广泛认可的三部代表性的"大教科书",即耶塞克、罗克辛(Roxin)、雅各布斯(Jakobs)三位教授的教科书。耶塞克教授的教科书经由中国政法大学徐久生教授翻译,于 2001 年在国内出版,引起学界广泛关注。其二,耶塞克教授担任了马普刑法所的首任所长,对德国和中国的刑法学交流给予了非常大的支持。

耶塞克教授在任期间,始终将比较刑法作为重要的研究对象和研究方法。这样一种浓郁的国际化、比较法色彩,为马普刑法所的学术声誉至少带来了以下几个方面的影响:

其一,通过比较法的研究,使一种国际性的刑法教义学成为可能。这一论断,是齐白(Sieber)教授做出的总结。客观来说,比较法的研究对象和研究方法,对德国法学理论的向外输出以及在世界范围内发挥重要影响,起到了关键性作用。德国刑法理论不仅影响了日本、中国、韩国这些东亚国家,而且对西班牙、葡萄牙、意大利乃至北欧国家,都产生了深远的影响。此外,在南美洲一些国家,德国刑法学说的影响力同样高得惊人。一方面,这种法学理论的对外输出,是国家软实力的重要组成部分。另一方面,这种比较法视角也会为德国刑法学的发展繁荣提供新鲜养分。例如,在北欧国家芬兰、瑞典最早尝试建立的日额罚金刑模式,反过来影响了德国刑法,并最终在《刑法典》中确立下来,且取得了良好的效果。

其二,这种比较法的考察,也是德国刑事立法所需要的。在一个国家进行刑事立法改革的过程中,对世界范围内其他国家的做法予以适当观察,对本国立法的理性化、前瞻性是有帮助的。例如,早在20世纪50~60年代,德国想要推动新一轮《刑法典》的整体性改革。当时由司法部长牵头,韦尔第尔(Welzel)教授等著名刑法学家参加,在1962年颁布了《德国刑法典草案》。在这部草案出台之前,刑法学者们做了非常全面的比较刑法研究,其中耶塞克教授就发挥了重要作用。再如,过去一二十年间,德国网络犯罪和数据犯罪的刑事立法修订频繁,其都需要关照欧洲层面相关规则的发展。一些立法甚至就是在公约的要求下,直接进行了调整与完善。

其三,国际性比较法研究的努力,推动了国际刑法的发展。耶塞克教授早年以《国际刑法中国家机关的责任:纽伦堡审判研究》为题取得了博士学位。沿着这一脉络,耶塞克教授加入了国际刑法学会,后来担任了国际刑法学会主席,与巴西奥尼教授一起努力,推动了国际刑法的发展。后来,前南斯拉夫国际刑事法庭、卢旺达国际刑事法庭、国际刑事法院在20世纪90年代以后相继建立。耶塞克教授和马普刑法所在此领域,都作出了不可忽视的贡献。

□ 一个屋檐下的刑法学与犯罪学

马普刑法所另外一项重要的理念,便是"一个屋檐下的刑法学与犯罪学"。

1970 年,耶塞克教授争取到了马普学会的支持,在本所的刑法学部门之外,增设了犯罪学部门,并由凯泽(Kaiser)教授担任这个部门的负责人。从此之后几十年间,奠定了马普刑法所刑法学、犯罪学双所长的基本格局。在 1980 年左右,耶塞克教授第一次正式在出版物中提出了"一个屋檐下的刑法学和犯罪学"的理念。他非常深邃又精辟地提出了这样的看法:"没有犯罪学的刑法学是盲目的,没有刑法学的犯罪学是漫无边际的。"这一经典表述,在中国刑法学界也被广为引用。

耶塞克教授的这一表述对刑法学和犯罪学的关系做了精深的论述,同时非常有大智慧地处理了学科的发展关系。这种理念,再往前可以追溯到李斯特所提出的整体刑法学思想。值得一提的是,英雄所见略同,北京大学法学院储槐植教授在 1989 年提出了"刑事一体化"的思想,与耶塞克教授的上述观点具有异曲同工之妙。而刑事一体化思想,长期以来指引着北京大学刑法学科不断向前发展。

□ 全球风险社会的刑法回应

马普刑法所的第二任刑法学所长是埃泽尔(Eser)教授,第二任犯罪学所长是阿尔布莱希特(Albrecht)教授,他们大力继承和发扬了耶塞克教授的理念,使马普刑法所的世界性声誉进一步壮大。2003 年,齐白教授接任埃泽尔教授,成为马普刑法所刑法部门的第三任所长。一方面,齐白教授仍然坚持前任所长提出的犯罪学与刑法学联合的思路,重点发展刑法比较研究。另一方面,在上述理念的基础上,齐白教授又增添了一个新的理念,那就是"全球风险社会的刑法回应"。

这样一种新的思路,和齐白教授的工作经历和研究重点有关,也和德国刑法的新发展方向有关。齐白教授在1977年获得弗莱堡大学博士学位,他选择的主题是“计算机犯罪与刑法”。这在现在看来是很常见的选题,但是在20世纪70年代可谓非常前沿。从齐白教授的履历可以看出,他是一位脱胎于传统刑法,但是又对新兴领域开展研究的学者。齐白教授认为,在全球社会、信息社会、风险社会的基本背景下,犯罪形势发生了很大变化,需要重新评估这些安全风险,分析和评判相应的规范性变化,并针对相关刑事政策上的挑战提出新的应对方式。

齐白教授认为,全球风险社会的刑法挑战,面临以下一些突出的问题,需要重点加以研究:其一,全球化、跨国犯罪。全球化的发展,包括欧洲一体化的发展,以及信息网络技术的应用,使跨国犯罪更加频繁,而为了更好地解决这些问题,就需要重新思考管辖权等问题,建构更好的国际协作机制等。其二,新的风险、复杂犯罪。这些议题具体包括网络犯罪、恐怖主义犯罪、有组织犯罪、新形式的经济犯罪,生物基因犯罪等。当然,随着研究领域的变化,研究理念也在变化。例如,学科交叉成为越来越重要的研究范式;除了刑法之内的法律适用,刑法之外的替代措施也被纳入研究者的考虑范围。由此,在方法论上,传统的法教义学当然仍是基础性方法,但也不再是单一的方法。

■ 马普刑法所的研究与教育

□ 硬件条件

学术研究的开展,当然首先建立在一定的硬件设施条件之上。可以说,马普刑法所提供了非常好的硬件支撑。

1. 图书馆

对很多人文社科研究来说,图书就是基本的学术生产资料。马普刑法所的图书储备,是马普刑法所引以为傲的。形象地说,马普刑法所的核心就是一个庞大的刑事法学图书馆,围绕它设立了一些研究办公室,大家在其中工作、研究和学习。

马普刑法所的馆藏图书,主要是关于刑事法、犯罪学的文献,其总量超过48万册,订阅期刊超过了1300种,并且大部分是外国期刊。在这里,中文、日文等刑事法学文献数量甚至都是不少的。

同时,马普刑法所的电子图书馆资源也非常丰富。很多价格不菲的数据库,无论是德文还是英文,甚至中国知网,研究所都购买了。不仅仅是学术论文,相当多的开放图书资源,都可以从中直接下载。

2. 研究环境

研究所总共4层,1～3层的主要部分都用来存放图书,周边围绕有若干的办公室、会议室,供研究人员、工作人员使用。很多博士生都是2～5人不等一个办公室。4层则主要是所长和秘书的办公室,以及一个较大的咖啡厅和厨房。很多人的午饭乃至晚饭,都是在咖啡厅简单解决。4层还有一个露天的平台,大家没事会在那儿晒太阳、喝咖啡。研究所依山而建,紧挨着黑森林的余脉。从研究所出来,就可以直接爬山散步,享受清新的空气。

3. 配套团队

研究所的配套架构和工作团队是相当完备的。所长配备有1～2位秘书;行政主管也配备秘书。同时,研究所还有专门的编辑、出版团队,计算机网络技术团队,图书馆团队等若干工作人员。此外,研究所还有很多资深的研究人员、博士后研究人员、博士生、前台工作人员、学生助理等。

□ 组织架构

马普刑法所的组织架构,首先是所长分别牵头,设置不同的研究板块。例如,在过去的双所长时代,齐白教授负责刑法,阿尔布莱希特教授负责犯罪学,每位教授又下辖了若干研究项目。这些研究项目,一部分是由教授独立主持,一部分是研究人员主持,有些是博士生来做。

以我读博时为例,齐白教授领导的刑法部门,主要的研究方向有三个,分别是:(1)刑法的领域边界,跨国刑法与国际刑法融合;(2)刑法功能边界与社会控制的新形式;(3)普遍的刑法比较和国际刑法教义学。在这三个研究重点之下,又设置了一些具体的法律领域和研究领域,前者包括:国际刑法、欧洲刑法、国内刑法、其他规范。后者包括:恐怖主义、有组织犯罪、腐败犯罪、经济犯罪、互联网犯罪、其他的复杂犯罪形态。

当然,目前马普刑法所升级为“三所长制”,因此也就分成了三个大的研究板块。

□ 博士生培养

作为一家研究机构,马普刑法所承担的教育功能主要是博士生培养。它的博士生培养机制颇具特色。

1. 马普刑法所和弗莱堡大学的关系

(1)机构关系

马普刑法所作为一个研究机构,本身不能颁发学位证书。它的博士生培养,实际上是和地方大学合作来完成。马普刑法所既是马普学会的组成单位,同时也是弗莱堡大学法学院的合作研究所之一,在弗莱堡大学法学院官网的系所介绍页面上会有链接。

(2)教授任职

在一些情况下,马普所的所长可能同时担任当地所依托大学的教授。例如,齐白教授同时在弗莱堡大学担任荣誉教授,并在弗莱堡大学法学院开设一些课程。当然,这也并非固定的配置。例如,目前新任的刑法部门所长赫恩勒(Hörnle)教授,她仍然担任了以前任职的柏林洪堡大学的荣誉教授。

(3)教学情况

除所长和教授以外,马普刑法所的一些研究人员,也会在弗莱堡大学法学院开设课程。在我看来,这在一定意义上也补强了弗莱堡大学的课程丰富性。例如,我记得当时马普刑法所有一位非常资深的研究员基尔希林(Kilchling)博士,主要研究犯罪学和刑罚论,每个学期都在弗莱堡大学讲授一门叫“制裁法”的课程。此外,马普刑法所的博士后研究人员甚至博士生,也可能在大学承担一定的授课任务,当然更多是案例研习班或者专题研讨课。

2. 在马普刑法所的学习和研究

通常来说,马普刑法所的博士生,大部分时间都待在研究所学习和研究。这主要是因为:

其一,自己的指导老师主要工作地点在研究所,在研究所可以有更多和导师交流的机会。实际上,大部分博士生的博士论文,可能都会被纳入到所长的整体研究板块之中。这样的好处是,一方面,它可以和其他研究者的成果形成集群效应,形成马普刑法所的研究合力;另一方面,博士生在博士论文答辩通过后,经过导师同意,往往可以在论文修订、出版上得到研究所一定的资助。

其二,马普刑法所内部也有一些主要供博士生交流学习的机构设置。从2000年开始,马普学会就成立了“国际马普研究学院”(the International Max Planck Research Schools,IMPRS),其宗旨就是通过与大学合作等方式,为马普学会的博士生提供更好的研究条件,帮助后者获得博士学位。

按照马普学会的统计,其下总共设有68所研究学院。在马普刑法所,主要有2个:一个是刑法学研究学院(IMPRS for Comparative Criminal Law),一个是犯罪学研究学院(IMPRS on Retaliation, Mediation and Punishment)。

据我的观察,刑法学研究学院的活动主要包括两项:常规性的博士生研讨会(Doktorandenkolloquium);以及少量的内部研讨课。博士生的研讨会,每个月都会举行1~2次。每次会有教授和研究人员出席,有时也会有弗莱堡大学的合作教授出席。研讨会的主要内容是由博士生就自己博士论文已完成的部分做报告,然后大家讨论、教授点评。通过这样的方式,博士生每个月都可以和自己导师见面交流,可以保证博士论文更好地推进,同时有其他事情也可以在研讨会结束后及时与导师沟通。不过遗憾的是,这个项目2019年已经停止运营了。

其三,马普刑法所的硬件条件和资源,与大学相比更为宽裕。马普刑法所的博士生,可以使用研究所的各种硬件、软件资源,而大学由于人多资源较为紧缺。例如,博士生每个月在研究所都有一定的打印额度,刷卡就可以免费打印资料,也可以免费扫描很多的文献资源。

其四,马普刑法所有很多国际化的交流机会。研究所不定期举办很多讲座,英语、德语都有,主题广泛,为博士生提供了非常好的学习交流机会。而且,博士生每天都能在研究所碰到来自五洲四海、不同肤色、不同国籍的学者和博士生,大家互相交流各自的研究方向,聊聊不同国家的情况,也是很惬意的一件事情。

3. 在大学的学习和研究

虽然马普刑法所的博士生更多的时候待在研究所,但是由于同时具有弗莱堡大学博士生的身份,因此也会充分利用大学的资源来开展学习和研究。

其一,博士生每个学期选择去大学注册,就可以享受一系列因学生身份而拥有的福利。例如,买交通出行的月票,去学校食堂吃饭等。

其二,博士生可以充分利用大学图书馆的资源。弗莱堡大学新建的图书馆非常气派、宏大,据说耗资 5300 万欧元,配套资源非常现代化。就刑事法学之外的图书而言,大学图书馆比马普刑法所图书馆更丰富一些,二者可以相互补强。

其三,博士生可以去大学听课学习。马普刑法所的博士生没有在大学修课的强制要求。但是,一方面大家都想全面地充实德国刑法学知识,因此通常都会去旁听一些自己认为必要的课程。另一方面,最后答辩时,除了博士论文,还有两门课程的德语面试要求,所以也需要积累知识储备和提升语言水平。

其四,大学的独特氛围对博士生而言也很重要。在大学会碰到更多年轻学生,有更多学术以外的交流机会。而且,弗莱堡大学最古老的那些楼宇,都给了神学、哲学、法学这些传统学科,学习环境非常优美。想想在这些地方,马克斯·韦伯、哈耶克、胡塞尔、海德格尔以及很多诺贝尔奖获得者都曾工作过,因此在这里学习、研究是一件非常愉快的事情。

■ 观察与展望

在过去的几年里,马普刑法所又发生了很多的变化。我因为已经回国工作好几年了,只能尽力从官方网站获取一些信息。最重要的变化之一,应该是 2019 年原先的两位老所长荣休、新所长接任,马普刑法所迎来了很多新的变革。

其一,在组织架构方面,在原有刑法学、犯罪学两个部门的基础上,增加了公法学作为第三部门。随之,研究所也由“马普外国与国际刑法研究所”更名为“马普犯罪、安全和法律研究所”。

其二,研究重点和研究方法也有新的发展。例如,新的刑法所长赫恩勒教授是一位女性刑法学教授,她的研究重点非常广泛,除对很多刑法基础理论问题有深入研究之外,对性犯罪、刑罚论、英美刑法比较也有独到研究。再如,新的犯罪学所长格尔德(Gelder)教授,先后取得了心理学的硕士学位、博士学位以及法学的硕士学位、博士学位。他大量采取实证研究方法,尤其是心理学和犯罪学的交叉研究方法,科研成果主要发表于 SSCI 英文期刊。

严格来说,随着研究部门的增加,“马普刑法所”的简称未必非常准确,但是对熟悉它的中国学者而言此称呼已成“习惯”。由此可以看到,马普刑法所一方面仍在延续其历史传承,另一方面也在尝试新的突破与变革。在某种意义上说,它也在寻找研究、教育发展的新方向,而这恰恰也是我们需要思考的问题。

提问与讨论

问:根据之前的介绍,马普学会下设的法学研究所中没有公法研究所。目前刑法所新任所长有一位是公法教授,这似乎是要提高公法研究比重,这是如何考虑的?

答:具体的改革过程,我所获取的信息也不是很充分。不过据了解,过去确实没有单独研究宪法、行政法的马普研究所,有一些公法的研究所和税法研究所等联系在一起。现在相当于是在过去刑法研究所的基础上,新增加了主要研究宪法、行政法的公法部门。

问:马普所是一个民间研究机构吗?它与政府之间的关系是什么?下设研究所之间各自独立吗?如何区分马普所毕业的博士生和普通大学法学院毕业的博士生?

答:马普刑法所是马普学会的下设研究机构,而马普学会是一个以注册协会形式成立的非营利组织。它的运营资金主要来自联邦政府和州政府的公共基金。马普学会下设研究所之间关联紧密,同时又是相互独立的。至于两类博士生的区分,主要可以从导师隶属的机构等角度来判断。

问:对于一些德国学者而言,是否存在不愿意去马普所而优先选择大学教职的可能?在马普刑法所,是否采取双导师制度?

答:据我所知,对于德国的大学教授而言,马普所所长的职位还是相当具有吸引力的。在马普刑法所,还有诸多研究员的岗位,这对于尚无法在大学找到教席的学者,也是一种选择。在我攻读博士学位期间,马普刑法所没有采取双导师制度。

问:马普国际法研究所的学生一般来说注册到海德堡大学,但也可能注册到日内瓦大学或其他大学。那么在马普刑法所的博士生,都是一律拿到弗莱堡大学的学位吗?

答:在我攻读博士学位时,几乎所有马普刑法所的博士生都是获得弗莱堡大学的学位。

伯克利法学博士培养：JSD与JSP并轨

边仁君

关于作者

边仁君

北京大学法学院助理教授，美国加利福尼亚大学伯克利分校法学博士（JSD），2019年7月至2021年6月任北京大学法学院博士后研究人员。主要研究领域为知识产权法、专利法和法律实证研究。

2023 年 6 月 8 日中午,北京大学法学院教学沙龙 2023 年第七期“伯克利法学博士培养:JSD 与 JSP 并轨”在凯原楼 307 法宝学堂举行。

本文将围绕美国加利福尼亚伯克利分校法学院(以下简称伯克利法学院)极具特色的博士培养项目 JSP(Jurisprudence and Social Policy,法律与社会政策,以下简称 JSP)展开。

美国大学法学院一般会设置 JD(Juris Doctor,法律博士,偏向于职业化培养。以下简称 JD)和 JSD(Doctor of Justice Science,法学博士,偏向于学术型培养。以下简称 JSD)两个博士项目。相较于此,伯克利法学院却设置有两个学术型博士项目:JSD 和 JSP。JSP 项目对于 JSD 的培养体系影响很大,二者风格类似,共享很多资源。因此,本文将会着重介绍 JSP 项目——可谓 JSD“豪华版”,再对 JSD 项目进行简要介绍。

■ JSP 项目简介

JSP 的定位为跨学科项目(Interdisciplinary Program),研究视角多元,包括经济学、政治学、哲学、社会学、历史、心理学等。此外,还有一些更为具体、颇受学生欢迎的交叉研究领域,大部分可能无法归入传统意义上的法学研究范畴,包括:刑事司法政策,这一领域无论在国内外都是法学实证研究的前沿阵地,广受关注;贫困、歧视以及人权,这些并非传统法学研究的问题,更多地被经济学、政治学所关注;城市规划与环境保护等,这一领域量化程度极高,不仅存在一套非常完整、全面的“成本收益分析”框架,甚至可以对人的健康和生命进行经济价值的评估。

从上述内容可以看到,JSP 项目主要以“跨学科”作为培养目的。至于如何实现这一目的,需要从两个方面加以介绍,一个是课程设置,另一个是考核方式。

■ JSP 培养计划:课程设置

在跨学科目标的指引下,JSP 项目要求学生掌握三个方面的知识和技能。其一,法学知识,JSP 项目要求学生掌握一定的法学知识,但法学知识课程的学分分配不高;其二,跨学科理论,即其他学科领域的知识,例如经济学知识、社会学知识;其三,研究方法,具体而言是社会研究方法,它并不特定适用于某个具体的学科,而是社会科学领域共用的一套方法。

□ 法学知识

针对法学知识的硬性要求较为简单,要么具有 JD 学位(如此就需要修习任何法律课程),要么修习一门法学知识类的课程(三学分即可)。由此可以看出,JSP 项目对法学知识的要求确实很低。因此,对于 JSP 项目的学生来讲,主要存在两种方案:

其一,同时进修 JSP 与 JD,这也是大多数学生的选择。在美国,博士生就业同样竞争激烈,好的法学院的 JD 加社科领域的 PhD(Doctor of Philosophy,哲学博士学位)是求职者"标配"。如此一来,在伯克利法学院同时进修 JSP 和 JD,可以为博士生节省大量时间。理论上,修完两个项目需要7 年左右的时间,不过也有同学只花费了 3 年或 4 年时间。然而,一旦将两个项目分开就读,则至少需要 10 年左右的时间——JD 项目 3 年时间较为固定,但社科领域的 PhD 时间却很长,需要 5 ~ 8 年。

其二,修习一门法学知识类课程。学生能够选择的课程范围很广,以知识产权领域为例,学生可以选修知识产权导论、专利法、商标法、著作权法、娱乐法、体育法等课程。选择这一方案的学生人数较少,但并非没有,与学生的个人就业选择高度相关。相当比例的 JSP 学生并不谋求或只谋求法学院的教职,而是在一些相关学科寻找合适的职位,例如政治学和社会学。在美国,学科之间似乎并没有高墙铁壁。

尽管 JSP 项目容量不大,但就业情况很不错,既有获得美国排名前 14 法学院(如斯坦福大学、芝加哥大学、伯克利大学、杜克大学)教职的同学,也有大量同学进入非法学院部门工作(如哈佛大学的政府管理学院、西北大学的社会学系、伦敦政治经济学院的社会政策中心、密歇根大学的政治学等)。可见,JSP 学生的就业并非仅限于法学院。

□ 跨学科理论

JSP 课程体系设置中占比最大的部分是跨学科理论。这一部分的课程设置极为丰富,并且呈现出一种"金字塔"的三级结构,点面结合、由浅入深。(见图 1)

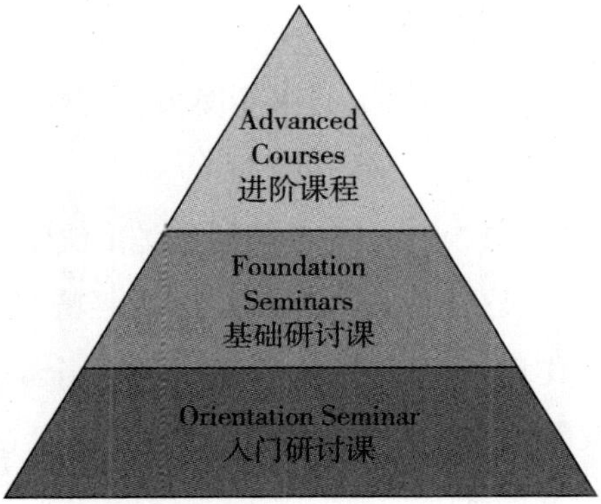

图 1　JSP 课程体系

首先,范围最广、深度最浅的是入门研讨课(Orientation Seminar),也是第一学年第一学期的必修课。该课程目的有二:其一,通过介绍各种跨学科方法,让学生对法学研究形成较为感性的初步认识;其二,实现同学之间的"破冰"——不仅是人际关系意义上的相互熟识,也包括对彼此研究方向和课题的熟悉。

JSD 也设置有类似的入门研讨课,共 14 周。第 1 和第 2 周以富勒的《再审洞穴奇案》作为切入点,系统地介绍法学研究以及方法的流变;第 3 至第 10 周由不同的老师针对跨学科方法进行介绍,包括法律与历史、法律与哲学、法律与经济学、法律与政治学、法律与社会学、比较法、法律与技术、法律与国际关系等;第 10 至第 14 周则由博士生汇报各自的研究计划,不同的法律问题和不同的研究方法时常可以碰撞出火花。

其次,范围相对较广且较为深入的是基础研讨课(Foundation Seminars)。此类课程学分要求较高,需要选择三个方向,并在每个方向修习三门3学分及以上的课程。以我自己的研究兴趣为例,如果我是JSP学生,应该会选择经济学、哲学(科技史方向)和心理学。需要注意的是,受限于师资力量,并非所有的基础研讨课都由JSP项目开设,很多时候需要借助其他院系的资源。在美国,跨系选课非常自由,只要导师认可且经过JSP管理委员会批准即可。

最后,范围最窄且深度最深的是进阶类课程(Advanced Courses)。进阶类课程要求学生在上一层级所选的三门方向中选定一个方向进行深挖,并至少要选修该方向三门3学分及以上的课程。此类课程的设置和学习更加倚重外院资源。

以"经济学"为例。图2中第5~8项课程是由法学院开设的基础研讨课和进阶类课程(课程编号"law"),包括"法律、经济和商业""法律、经济和道德"以及两个工作坊(workshop)。其他课程则全部由经济学院开设,包括宏观经济学、微观经济学、比较经济学、政治经济学等,数量上是法学院开设课程的两倍。

- Comparative Economics (Econ 23059 Roland)
- Economic Theory (Econ 201A Ahn)
- Intermediate Microeconomics (Econ 100A 3 units)
- International Economics (Econ 23068 Rodriguez)
- Introduction to Law, Economics and Business (Law 251.31 Cooter 3 units)
- Law & Economics Workshop (Law 216.1 Cooter 2 units)
- Law and Economics Workshop (Law 217 Krishnamurthy)
- Law, Economics and Morality (Law 216.5 Medina 2 units)
- Macroeconomic Theory (Econ 202A Obstfeld)
- Microeconomics of Development (Econ 23062 Sadoulet)
- Political Economics (Econ 215A Roland)
- Public Economics (Econ 230A Auerbach)

图2 基础和进阶法律经济学课程

此种三级课程的模式与之前对法学知识的"忽视"形成了鲜明对比。

□ 跨学科方法/社会研究方法

跨学科方法主要是指“实证”。“实证”这一概念是个舶来品,定义并不清晰。但是,我在伯克利法学院的老师认为,实证就是“基于观察”(based on observation)的研究,即通过对世界的观察提出、检验和修正理论。这里插入一个小故事,北京大学元培学院设置有“元培学者”项目,以鼓励本科生科研,我曾受聘为人文社科组别的评委。参选学生的研究领域非常广泛,包括经济学、政治学、社会学、法学等。有趣的是,只有法学方向同学的研究停留在纯理论甚至规范层面,而且跨度极广,从私法到公法,从实体法到程序法,而其他所有社科方向的学生都聚焦于一系列相关的问题,而且都在做实证,通过定量的方法检验和发展理论。

近年来,实证研究在社会科学研究中非常受欢迎,原因可以归结为两个方面。其一,现实原因。很多学科的理论发展已经非常成熟,学者能做的东西很少,或者说进行纯理论创新的边际成本太高了。其二,理论是对现实世界的抽象,但为了检验这一理论,自然需要实证的方法对现实世界进行衡量和评估。

我在上课时很喜欢举伽利略实验的例子——虽然这是一个自然科学的例子,但在社会科学领域也同样适用。在伽利略之前,存在一个由亚里士多德提出的旧理论,即物体下落的速度与物体质量成正比。这一理论多年未受质疑,因为它极其符合人的直觉。然而,伽利略通过在比萨斜塔上抛球,推翻了旧理论并提出了新的理论,即如果不计空气阻力,物体下落的速度与其质量无关。

实际上,在除法学以外的社会科学领域,理论发展的轨迹与伽利略实验的例子类似:前人进行逻辑上的推演得到理论,后人通过实验对于理论进行检验和补充。社会科学和自然科学即在这种理论与实验的周而复始中得到了发展。

方法部分的课程设计也呈“金字塔”形,但与知识类课程相比层级较少,仅有两层。作为底层基础的是两门必修课,也是我攻读 JSD 期间最喜欢和收获最大的两门课程。(见图 3)

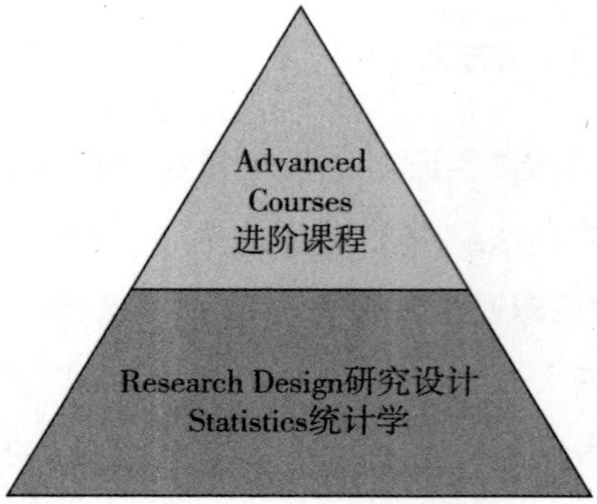

图3　方法部分课程结构图

第一门课程是研究设计(Research Design)。这门课用一个学期的时间引导学生进行科研,包括对从提出问题到设计研究再到具体实施的全流程“手把手”教学。此外,这门课程将讲授和学生汇报穿插进行,与目前国内法学院研究生课程习惯性采取的先集中讲授、后集中汇报的模式十分不同。

例如,任课老师会先用前2周的时间讲授“如何提出一个好的研究问题”,第3周便由选课学生针对其自身研究计划中的选题部分进行汇报,并由老师和同学们提出建议。在“研究问题”已经较为完善之后,任课老师会在第4周和第5周讲授“如何从研究问题出发进行设计研究”,之后又会设置一周时间由学生汇报其研究设计。接下来,老师会进行实际操作层面的讲授,讲授完毕再由同学们针对其实际操作进行汇报。这门课上完,绝大多数同学的研究计划已经发展成成熟的博士论文框架,之后的工作只剩具体实施和写作,而且这个框架是经过老师和同学们的反复讨论和修正的,避免了很多同学在提交博士论文前夕还在调整结构和返工的麻烦。

第二门是统计学基础,伯克利法学院的这门课程叫作“法律和社会科学的定量方法”(Quantitative Approaches to Law and Social Science),主要内容包括描述统计和统计推断。

方法部分的课程设计除了基础课程,还有进阶类课程,但是对进阶类课程不作学分上的要求。不过JSP的同学一般会选修大量的进阶类方法课程,因为简单的统计学基础对于从事定量研究是远远不够的,例如,比较关注法学理论与规范的同学一般会选修“因果推断”课程。

以上就是 JSP 项目课程设置的基本面貌。总的来说,JSP 项目的目标在于提供系统的跨学科训练,对于法学知识要求相对较少;对跨学科理论的要求最多,对跨学科方法的要求紧随其后,以求与理论形成互动和补充。

■ JSP 培养计划:考核

考核部分并不复杂,主要包括三场重要的考试。(见图 4)

时间	名称	内容
第三学年春季学期之前	前资格考试(笔试)	法学知识 + 跨学科知识
第四学年开始之前	博士生资格考试(面试)	基础知识储备(书单) + 研究计划(20 页)
第四学年结束(时间安排具有弹性)	提交论文、正式答辩(面试)	

图 4　JSP 的考核

□ 前资格考试

由于第一场考试的时间在博士生资格考试之前,我将其称为"前资格考试",需要在第三学年春季学期及以前完成。考试采取笔试的形式,一共两场:一场考察法学知识,另外一场考察跨学科理论知识。

以我自己为例,我的大研究方向是知识产权法,但"前资格考试"不会考察知识产权法的全部内容,而是具体到我的研究问题,例如知识产权损害赔偿。委员会会围绕上述问题设计一套试卷,以此来检验对于基础知识以及稍微有深度一些的知识的把握情况。至于跨学科知识,以在跨学科理论部分选择了经济学方向为例,委员会会围绕经济学基础知识设计一套试卷进行考试。

□ 博士生资格考试

博士生资格考试需要在第四学年开始之前完成,以通过前资格考试的笔试为前提。此次考试的形式为面试,面试官即考生的论文评审委员会成员。

美国法学院组织论文评审委员会的方式很特别，主要体现在两点：第一，学生需要自行联系和组建论文评审委员会，并由导师批准；第二，委员会不能全是本院教师，需要有至少一位外院系教师。官方的解释是引入外院系老师可以一定程度上防止本院老师在考核时放水，但客观上讲，外院系老师的引入可以很好地把关博士论文的跨学科部分，非常有助于论文的完善。

博士生资格面试主要考核两个方面：基础知识储备和研究计划。关于基础知识储备，有些类似于北京大学法学院的中期考核。学生需要提交一份书单，这份书单应当包括上过课程中所有授课老师的推荐书单。以一名 JSP 学生需要上 10 门必修课为例，每门课老师推荐 3 ~ 5 本书籍，则书单上至少会有 30 ~ 50 本参考书。委员会可以针对其中任意的书籍进行提问。关于研究计划，学生需要提交 20 页左右的开题报告，主要包括研究问题、研究背景、文献综述以及研究方法、研究计划、预期成果。

□ 提交论文、正式答辩

提交论文以及博士学位答辩在第四学年结束之后即可启动，具体时间安排较为灵活。我个人认为，美国法学院的博士生培养呈现出一种“严进宽出”的局面，前面两场考核较为严格，但最后的答辩基本都很轻松、顺利。

■ JSD：“低配版”JSP？

之所以称 JSD 为“低配”，是因为 JSD 项目与 JSP 项目基本框架一致、具备了相同的要素，但在广度和深度上都差一点。学习时间便是一个很明显的例子，JSP 学生要同时具备法学知识和研究能力，需要修读 3 年的 JD 和 4 年的 JSP，一共 7 年时间；而 JSD 学生要实现相同的目的，只需要修读 1 年的 LLM 和 3 年的 JSD，总共 4 年时间。用 4 年的时间修习别人 7 年的项目，因此各方面都难免“减配”了一些。

图 5 是我自己的选课记录。由此可以看到，JSD 的课程设置同样包括三个模块。

- 第一学期
  - Privacy Law for Technologist（法学知识）
  - JSD Seminar（跨学科理论－入门研讨课）
  - Comparative Law（跨学科理论－基础研讨课）
- 第二学期
  - Economics of IP Law（跨学科理论－基础研讨课）
  - Chinese Law and Legal Institution（跨学科理论－进阶课程）
  - Research Design（跨学科方法）
  - JSD Writing Seminar
- 第三学期
  - Quantitative Approaches to Law and Social Science（跨学科方法）
- 第四学期
  - 因果推断（跨学科方法）

图 5　JSD 课程例图

首先，我上了一门法学知识类的课程“面向技术人员的隐私法”（Privacy Law for Technologist），其涉及信息行业的数据保护问题。之所以选修这门课程，是因为我在 LLM（Master of Law，法律硕士）期间学习了“隐私法”（Privacy Law），但该门课程非常类似于“侵权法”（Torts），并未涉及太多数据保护的问题。为了弥补这个遗憾，我才选修了“面向技术人员的隐私法”这门课程。这门课程由三院合开，包括计算机系、信息管理系和法学院。相应地，学生来自三个院系，他们将来会分别担任技术人员、产品经理和公司法务，所以课堂氛围被设置得非常类似于他们未来的实际工作环境。

其次，是跨学科理论类课程。JSD 研讨课（JSD Seminar）前面已有介绍：它通过一周讲授一个主题，介绍了几乎所有的跨学科方法，对标于 JSP 的入门研讨课。在基础研讨课的学习中，我选择了两个方向：比较法和经济学。进阶类课程我没有选择太多，而是将更多的学分分配在了方法课程上面。

最后，我在方法类课程的学习量上基本与 JSP 学生等量，两门必修课——“研究设计”和“法律和社会科学的定量方法”均有学习，并通过网络资源学习了因果推断等相对进阶的课程。

伯克利法学院的博士生培养有很多值得借鉴的地方。其一，对方法的强调。在美国法学院的教育理念里，专业知识应当在博士阶段之前就已经基本掌握,博士生不应当再花费大量时间夯实基础知识,而是要训练解决开放式问题的能力,"授人以鱼,不如授人以渔"。相反,国内法学院的博士生依然处于学习知识和理论的阶段,这也使大量学生得到教职以后产生不适感。其二,课程设置与毕业论文高度相关。每个学期、每个课程的学习都会按部就班地推进博士论文,最终成稿也就水到渠成:学生在入学之前就形成了研究计划,第一学期确定研究方法,第二学期形成研究框架,第三学期及以后逐步填充博士论文的内容。

提问与讨论

问:JSD 项目的导师具体是什么时候确定的?如果在博士生三年级确定题目,那么剩下一年的时间是否足以完成高质量的博士论文?基于社科法学的学习和积淀之后,你的博士论文的分析范式包括哪些?

答:导师是在申请之前就确定了,如果在申请前没有找到愿意接收的导师,那么学生的申请大概率无法通过、也就不会录取。伯克利法学院 JSP 项目的博士生在申请时就形成了一个初步的研究计划,紧接着从第一学年开始就逐步完成博士论文的各个部分,在所有课程结束后,基本上可以完成博士论文的一半,因为课程中要求写作和做汇报的内容都围绕着博士论文展开。至于研究问题,导师不会主动划定题目,而是由学生自己决定。我的博士论文还是采取定量的研究范式,相对比较偏向于方法论。

问:伯克利法学院的 JSP 和耶鲁大学法学院的 PhD,二者之间的共性和差异是什么?你的同学中有没有从事非跨学科研究的?他们的研究计划和课程安排又是怎样的?

答:第一个问题我可能无法回答,因为没有深入了解过耶鲁大学的 PhD 项目。第二个问题,在 JSP 跨学科研究的大背景之下,纯粹做教义学研究(doctrinal research)的很少,不过确实也有。在我当时的学分计划中,教义学课程占据了小一半。

左亦鲁老师补充:如果说美国法学教育中有 PhD 项目的话,一般指的就是伯克利法学院JSP和耶鲁大学PhD。耶鲁大学PhD项目的两位主推者,当年从耶鲁大学毕业后就前往伯克利法学院任教,之后还担任了伯克利法学院的院长,并且在职期间正式推出了JSP项目。之后,两人回到耶鲁大学法学院任教,并提出要在耶鲁大学设立PhD项目。PhD项目设立正值我毕业那一年,我也由此见证了关于这一项目的全部争论。支持者认为耶鲁大学法学院PhD项目不够完善,需要设置更加结构化的课程;增加社科方法的学术训练。反对者认为设立这一项目完全没有必要;JSD项目的学生也对此感到不满。在我看来,二者的区别在于:其一,伯克利法学院JSP更加注重跨学科的研究方法,但是耶鲁大学PhD项目对此并没有那么强调;其二,耶鲁大学法学院的后任院长对这一项目没有那么关注,相关资源的投入也减少了。

问:JSP项目有一套成熟的法学训练。比较而言,我们的本科生训练模式不太容易改变,但博士生培养是不是可以做出一些改变,将JSP项目作为一个参考,尤其是对于方法的强调。“法学研究与写作”的课程是否可以集合一些老师讲授写作方法?

答:伯克利法学院JSP项目的确非常强调跨学科研究。虽然我们没有必要达到如此高的跨学科研究程度,但必须强调“方法”。教义学是一种方法论,但同学们也并没有系统地学习过教义学。社科法学同样是一种方法论,我们可以考虑为博士生设置一些相关课程。此外,比较有参考价值的是研讨类课程的设置,国内博士生汇报的主题铺展得很开,但基本属于“横着走”,并不深入;这种观念也会导致同学们的法学研究多是基于文献,而不是对社会的观察、对技术的了解,这种缺陷在知识产权学科中表现得尤为明显。法学院学生“不出门”的问题很严重,导致自己的知识结构比较陈旧,已经与社会发展脱节。所以,法学研究的观念与方法都需要一定的反思和更新。

问:前面提到的研讨会类课程,规模有多大?授课模式是怎样的?

答:学生人数在20人左右。授课老师需要对每位同学的研究主题有所了解,给出一些指导意见。虽然学生彼此学科不同,但可以有观点的碰撞。不同学科间的确也有一些共通之处,加强沟通很有必要。

其他老师补充1：我们在招收博士生时，可以预先设定研究的领域和主题；入学之后，按照既定方向进行更加深入学习和培养，加强师生之间的交流和理解。如此一来，或许也能在一定程度上实现与JSP项目类似的效果。关于方法的学习和锻炼，也是在交流的过程中逐渐意识到的。不过，如果以此为主题开设课程，也许会给学生带来压力，或许还可以寻找更多的方法去落实。

其他老师补充2：也许可以考虑在现有的“校长奖学金”之外，设置一项新的、针对博士生的奖学金。这个奖学金的评选可以通过答辩形式，不以发表的数量、发表期刊的质量作为唯一衡量标准，而是主要关注研究的内容、质量与实效。

其他老师补充3：我们博士生培养确实存在很多值得加强的地方，可以适度增加对课程和学分的要求。那么，需要增加一些什么类型的课程，每个学校有不同的定位和理念。开阔视野的形成需要法律之外和法律之内两方面的知识。从本科到硕士到博士，研究视野实际上越来越受到限制。的确应该采取一些措施去推动同学们跳出自己的专业小圈子接触一些其他学科的知识，使视野不过于闭塞。

后记

作为中国近现代法学教育的先行者，北京大学（以下简称北大）长期致力于提高教师的专业素养和授课水平。从2019年春季学期开始，北大法学院启动“教学沙龙”系列活动，先后举办青年教师教学沙龙、法学教授教学沙龙、法学名师教育人生讲座、法学教学午餐会等不同系列的教学经验分享活动，在学院内外树立起“教学沙龙”活动品牌。此举活跃了思想，凝聚了队伍，也传递了老师们关爱学生、全心育人的温暖和力量。“北大法学教学沙龙”系列活动以纪实的方式记录了北大法学院在教学能力和教学经验上探索、传承和发展上所做的集体努力。

一、沙龙·缘起

北大法学院一直认为，基础教育研究应当立足于教师的真实问题与需求。2019年春季学期开始，学院推出教学沙龙，围绕以青年教师为主体的“青年教师教学沙龙”、以资深教授为主体的“法学教授教学沙龙”、以学科泰斗为主体的“法学名师教育人生讲座”，有针对性主题的“法学教育午餐会”等系列展开了各种活动，旨在为教师之间分享教学经验、教学方法和教学心得搭建沟通的桥梁。每次沙龙活动，教师们围坐一起，沏上一壶清茶，确定一个主题，聆听一段心得；可以交锋，可以辩论，可以倾听，可以畅言。在沙龙活动中，教师们自主选择想要与同侪们分享的主题，讨论模式从“要我如何教”转向“我要如何教”。

举办各种教学沙龙的共同目的是在学院内部搭建各种形式的教学交流平台，营造潜心教学、交流分享教学经验的氛围，形成教学共同体。以往北大交流平台多学术交流，少教学交流。教学沙龙进一步营造了浓郁的教学工作氛围，助推了以人才培养为中心的学风、教风、院风，奠定了教学改革潜移默化的先行基础。一方面,它对年轻教师发挥了教学经验与育人精神薪火相传的作用;另一方面,交流中的默会知识和信息能给教师们带来意外的思路开启。

二、沙龙 · 剪影

越是从差异化的角度思考问题,越能够迸发创新的火花,也越能够洞见打破思维桎梏与思维定式的方法——这一点恰好在英美法学教育与大陆法学教育的“碰撞”中获得印证。“自由思想,兼容并包”不仅仅是北大的校训,也一直是北大法学院全体教师自觉主动践行的教学准则。北大法学院新一代的青年教师绝大部分具备海外留学经历,在教学沙龙中,他们引领国内经验与国外经验交流碰撞,为解决国内法学教育问题、探索教学改革深水区点明方向。午餐会式的沙龙轻松活泼,弥补了传统教学研讨在形式上的局限。在交流经验的过程中,各位老师不仅展示了先进的教学理念与教学实践范例,同样总结了域外法学教育存在的问题,思想性和前瞻性互现。

2019 年,三位留学德国的青年教师首先进行了经验分享。在改革开放之前,由于语言的壁垒加上经济的困难,真正有机会深入大陆法系国家,特别是德国,接受完整的、严格的法学训练的博士少之又少。而现在,得益于国家的大力支持,能够在求学路上越走越远、越走越广的年轻人越来越多。北大法学院以敏锐的眼光捕捉学科发展动态,向最为优秀的留德青年人才抛出橄榄枝,邀请他们加入北大法学院的教师大家庭。在此背景之下,邀请这三位留德教师畅谈心得,分享经验,是最为恰当且富有前瞻性的。德国曼海姆大学法学博士贺剑老师聚焦德国法学特色——法律评注,并深刻点评德国法学教育与法律评注的相互关系,从法律评注的概况、法律评注对法学教育的意义、法律评注的畅想与反思三个方面予以展开。曹志勋老师则更着眼于自身的留学经历,深入分享了他在德国攻读博士学位时,在博士论文写作中的体验与感悟。高薇老师高瞻远瞩,掷地有声地提出,大学不应当仅仅满足于“教与学”,更应当为每一位有志青年提供一条服务于真理的知性路径。三位从英美国家留学归来的佼佼者也进行了经验分享。尽管从法系上而言,英美国家与我国差异很大,但往往正是这种截然不同,才更能彰显我国法学教育的特点。其中,彭錞老师认为,尽管牛津大学的“导师制”教学在我国的推广难度偏大,但是对牛津大学这种个性化教学模式的审视,有助于为我国法学教育乃至高等教育提供思路。阎天老师认为,美国法学院培养法律学术人才的困难源自两个方面:以实务为导向的教学模式和以跨学科为导向的学术研究视角。然而与此同时,美国法律学术人才培养模式的优点也是显而易见的:法学院的教师们将有志于学术的学生看作以后的同事、同行、同道,从而构建法律共同体,因此均具有较高热情投入学术人才的培养。左亦鲁老师则延续了阎天老师对于耶鲁大学法学教育的介绍,更为全面细致地展现耶鲁大学法学院在教学方式及协助学术求职方面的独特之处。

2023 年春季学期,北大法学院线下教学沙龙正式恢复。沙龙主题由最近三年加入北大法学院的七位具有海外留学背景的青年教师作为主讲人,介绍与分享多所世界知名法学院的教学见闻,既让老师们和社会各界了解、吸收和借鉴不同国家法学教育的成功经验,共同推动我国法学教育的发展进步;也助推海外归来的优秀青年教师总结教学经验,在已经取得非常优异的科研成绩之外,在教学方面尽快成长。日本东京大学法学博士张梓弦老师从宏观、微观两个角度勾勒出日本法学教育的概况,以法科大学院和法学研究科作为核心介绍对象,对二者的生源招收、课程设置、培养理念、就业状况等进行了全方位阐述和比较。芬兰赫尔辛基大学法学博士张康乐老师介绍了赫尔辛基大学法学院博士生培养的情况。美国佛蒙特大学法学硕士、密歇根大学法学博士吴凯杰老师以领域法学为切入点,介绍了美国法学院环境法教学的课程体系、师资构成等基本情况,其中很多内容对中国环境法和其他领域法学的教学都具有启发意义。德国图宾根大学法学博士吴训祥老师从历史出发,为各位老师介绍了德国法律史的诞生、沿革、面临的重大挑战以及当下教学模式当中值得我国思考的经验。德国弗莱堡大学法学博士王华伟老师结合自身教育背景,为在场各位老师介绍了马克斯—普朗克刑法研究所的历史背景、学术理念、研究与教育,并进行了具有前瞻性的观察与展望。瑞士日内瓦国际关系及发展高等学院(以下简称高研院)法学博士廖雪霞老师围绕“国际法之都”日内瓦与日内瓦高研院的国际法律人才培养，为在场各位老师介绍了日内瓦高研院国际法教学科研体系的历史沿革与制度现状。美国加利福尼亚大学伯克利分校（以下简称伯克利分校）法学博士边仁君老师围绕伯克利分校法学院博士生培养的两大项目JSP及JSD进行了详尽全面的介绍，尤其针对极具特色的JSP项目的课程设置、就业走向、考核方式进行了分享，该项目“金字塔式”的三级课程设置、博士生培养的三轮考核、相对“轻视”法学知识的跨学科理念等内容令人印象颇为深刻。

北大法学院专门举办青年教师教学沙龙活动，除推进教学交流之外，也助推学术新人成长。北大法学院邀请这些有留学背景的优秀青年教师介绍留学时体会到的各个国家的教学理念和方法，可以把优秀的青年教师推到前台，让他们在自己的研究领域和所属学科之外发出声音，让学院内的前辈老师和中国法学界的同仁先进都能够了解北大法学院近年来引进的这些优秀拔尖的青年才俊。

三、沙龙·共同体

教学沙龙将青年教师与资深教师、国内教学与国外教学、教师见闻与教学经验紧密地结合起来，将北大法学院全体教师不分年龄、不分学科地团结起来，形成了具有强烈归属感的教师共同体。无论是海外见闻还是个人经验，原则理念还是教学技术，同侪分享还是名家指点，教学沙龙活动在教师研修之余提供了一个交流、切磋、分享的平台。

教学沙龙的核心目的是培养教学共同体。教师们共同成长、共同学习，以教学实践中的问题引导自己和同侪们思考，真正做到了教学为先、教学相长。作为中国近现代法学教育的先行者，北京大学的教师以自己的实际行动为包括课程改革在内的各项教学改革工作奠定了坚实的基础。高等教育进步所需要的，不仅是教师扎实的专业素养与丰富的教学经验，更需要他们具有与时俱进的精神，时时鞭策自己、反思现实问题的能力，以及一颗充满人文主义关怀与对真理向往追求的赤子之心。这些方面，在北京大学教学沙龙活动中，都得到了淋漓尽致的体现。未来，北大法学院会持续推进、继续支持"教学沙龙"项目，努力塑造具备影响力、可借鉴的教学模式，号召更多的法学教师创新教学活动，增加教学供给，建设优秀的法学教育共同体，敬请期待！